Otto Zallinger

Die Ringgaben bei der Heirat und das Zusammengeben im mittelalterlich-deutschen Recht

I0042803

SEVERUS
Verlag

Zallinger, Otto: Die Ringgaben bei der Heirat und das Zusammenge-
ben im mittelalterlich-deutschen Recht.
Hamburg, SEVERUS Verlag 2011.
Nachdruck der Originalausgabe von 1931.

ISBN: 978-3-86347-042-5
Druck: SEVERUS Verlag, Hamburg 2011

Der SEVERUS Verlag ist ein Imprint der Diplomica Verlag GmbH.

Bibliografische Information der Deutschen Nationalbibliothek:
Die Deutsche Nationalbibliothek verzeichnet diese Publikation in der
Deutschen Nationalbibliografie; detaillierte bibliografische Daten sind
im Internet über http://dnb.d-nb.de abrufbar.

SEVERUS Verlag

I.

Die wesentlichen Vorgänge zur Herbeiführung des Rechtsverhältnisses der Ehe, bei einer Heirat, wie sie als Ergebnis einer langen, allerdings schon seit langem feststehenden Entwicklung, wenigstens bei der bis in die neueste Zeit normalen Form, der kirchlichen Eheschließung sich darstellen, sind im einzelnen folgende. Sie zerfallen in zwei Abschnitte: Begründung des Brautstandes und des Ehestandes. Die erstere, nicht ein rechtliches Erfordernis, aber tatsächlich zumeist eingehaltener Brauch, erfolgt auf Grund der Einigung des Liebespaares durch die offizielle Verlobung in der Familie, Werbung (Anhalten) um die Hand der Braut und Zusage derselben durch das Familienoberhaupt. Die eigentliche Eheschließung, Vermählung, auch Trauung im weiteren Sinne genannt, umfaßt folgende Akte: Konsenserklärung in der Form der Abfragung des Jawortes durch den Priester, Ringwechsel, darauf das Zusammengeben, die Kopulation oder Trauung im engeren Sinne, schließlich Einsegnung des Bundes.

Fragen wir nun des näheren um die Geschichte, bzw. um das Alter dieser einzelnen Elemente, so erkennt man in jenem allgemein üblichen, einleitenden Akt der familien-öffentlichen Verlobung auf den ersten Blick den alten Muntvertrag, die ‚desponsatio‘ der älteren Quellen, die Einigung zwischen Muntwalt und Bräutigam über Geben und Nehmen zur Ehe, in zeitgemäßer Umbildung. Und zwar läßt sich feststellen, daß derselbe schon seit dem Ausgang des 12. Jahrhunderts wesentlich die heutige Gestalt angenommen hat. Das Bild, das uns die großen Heldengedichte, Nibelungenlied und Gudrun, hievon zeigen, stimmt bereits in den Grundzügen genau mit demjenigen überein, das wir vor Augen haben.[1]

---

[1] Vgl. meine Schrift, ‚Die Eheschließung im Nibelungenlied und in der Gudrun‘, Sitzungsberichte der Wiener Akademie der Wissenschaften, phil.-hist. Klasse, 199, S. 48, 49. Siehe auch unten S. 37.

Was sodann die Bestandteile des Eheschließungsgeschäftes selbst betrifft, so ist jenem Akt, der als der
eigentlich entscheidende, konstitutive erscheint, der Erklärung,
bzw. Abfragung des Ehekonsenses, ihrem Auftreten und
ihrer Bedeutung im älteren deutschen Recht, bis in die neuere
Zeit nicht die gebührende Beachtung und Würdigung zuteil-
geworden. Die Geschichte, richtiger die Vorgeschichte derselben ist auch jetzt noch nicht vollständig geklärt, die Ur-
sprungsfrage bestritten.[1]

Aber es besteht heute wohl eine Übereinstimmung einerseits darin, daß dieselbe, sei es in einer gewissen beschränkten
Anwendung, in ‚uralte Zeit' zurückreicht,[2] und andererseits,

---

[1] Was die ältesten vorgeschichtlichen Grundlagen, die eigentlichen Aus-
gangspunkte der germanischen Rechtsentwicklung auf dem Gebiet der
Eheschließung betrifft, so dürfte es geboten sein, mit bestimmten Behauptungen derzeit noch zurückzuhalten. Auch hiefür gilt das Wort
von Herbert Meyer: ‚Die vergleichende Rechtsgeschichte ist noch
lange nicht so weit, die richtigen Wege zu weisen, wir müssen uns
also mit einem „ignoramus" bescheiden.' (Recht und Volkstum, Göttinger
Rektoratsrede 1929, S. 20.) Übrigens stehen die Ergebnisse der neuesten
ethnologischen Forschung zu den üblichen evolutionistischen Vorstellungen über die Entwicklung der Ehe im allgemeinen direkt im schärfsten
Widerspruch. Vgl. z. B. die Zusammenfassung bei Wilhelm Schmidt,
Der Ursprung der Gottesidee, I², S. 215 ff., besonders S. 221—235.

Ich werde auch im folgenden von allen rückwärtsschauenden Konstruktionen Abstand nehmen und mich darauf beschränken, den Inhalt
der vorliegenden direkten Quellenzeugnisse ganz objektiv durch ein-
dringende Interpretation festzustellen und die spätere Entwicklung mög-
lichst klar und sicher aufzuzeigen.

Dabei verzichte ich aber andererseits auch auf eine ins einzelne ge-
hende kritische Auseinandersetzung mit den Ausführungen in den
Arbeiten von Friedberg und insbesondere jenen von Sohm, auf
welch letzteren die herrschende Lehre im wesentlichen beruht. Die
Ausdehnung des dadurch entstehenden Ballastes bliebe jedenfalls außer
Verhältnis zu dem Ergebniswert. Es kommt doch im Grunde nur darauf
an, daß es gelingt, die entscheidenden Gesichtspunkte und Auffassungen
in positiver Beweisführung zu begründen.

[2] Vgl. Ernst Heymann, Zeitschrift der Savigny-Stiftung für Rechts-
geschichte, Germanistische Abteilung, Band 44 (1924), S. 471; Herbert
Meyer, Friedelehe und Mutterrecht, ebenda, Band 47 (1927), S. 223;
Rudolf Hübner, Grundzüge des deutschen Privatrechtes, 5. Aufl.,
S. 641.

daß sie noch in der früheren Periode des Mittelalters als regel-
mäßiges und wesentliches Element bei der Eheschließung im
deutschen Recht eingebürgert erscheint.[1]

Bezüglich des Aktes des Zusammengebens, der Kopulation, Trauung im engeren Sinne, hat man bisher wohl nie
bezweifelt, daß derselbe in gerader Linie abstamme von dem
ebenfalls als Trauung bezeichneten Formalakt des alten Muntgeschäftes, der in Ausführung des Verlobungsvertrages
erfolgenden tatsächlichen Übergabe der Braut durch den Vormund in die eheherrliche Gewalt des Mannes.[2]

In meiner Schrift ‚Heirat ohne Trauung im Nibelungenlied und in der Gudrun‘[3] habe ich nun die Ansicht ausgesprochen und ganz kurz begründet, daß diese spätere ‚Trauung‘
durch Zusammengeben in Wirklichkeit mit der alten traditio
puellae unmöglich in einem geschichtlichen, genetischen Zusammenhang stehen, einfach als Fortbildung, jüngere Entwicklung derselben angesehen werden könne: weil ja die in dieser
letzteren liegende, zum formalen Ausdruck kommende Rechts-
idee, die Übertragung der Familiengewalt über die Braut an
den Bräutigam eine Umkehrung, eine gleichmäßige Anwendung auf den letzteren begrifflich nicht zuläßt. Der Bräutigam
kann im alten Sinne niemals der Braut getraut werden, was
bei der späteren kirchlichen Trauung bekanntlich stets der
Fall ist. Hier werden immer beide Teile einander an-
getraut, was aber unmöglich bedeuten kann, daß beide
gegenseitig irgendwie in die Familiengewalt des anderen übergeben, unter eine Herrschaft des anderen gestellt werden sollen.
‚Einen anderen Sinn muß diese „Trauung" also auf
alle Fälle haben.‘ Ich habe dann für die Deutung derselben
den Umstand hervorgehoben, daß, während die alte ‚traditio‘

---

[1] Siehe Otto Opet, Brauttradition und Konsensgespräch in mittelalterlichen Trauungsritualen 1910 und meine Eheschließung im Nibelungenlied und Gudrun. Vgl. auch Fr. Brandileone, Saggi sulla storia
della celebrazione del matrimonio in Italia, 1906.

[2] Vgl. zuletzt Karl August Eckhardt, Zeitschrift der Savigny-Stiftung
für Rechtsgeschichte, Germanistische Abteilung, Band 47 (1927), S. 186 ff.,
Herbert Meyer, a. a. O., S. 220 ff.

[3] Veröffentlichungen des Museum Ferdinandeum in Innsbruck VIII (Fest-
schrift für Oswald Redlich), S. 356 ff.

ein Element des Muntgeschäftes zwischen Muntwalt und Bräutigam ist, das Zusammengeben immer erst im Anschluß und auf Grundlage der Konsenserklärung der Brautleute, des Ehevertrages erfolgt, gewissermaßen als Korrelat, als Ausführung des letzteren, also ganz offenbar ein Element der Vermählung, des Eheschließungsgeschäftes bildet.

Endlich habe ich ganz hypothetisch die Frage aufgeworfen, ob dieses Zusammengeben überhaupt aus dem weltlichen Rechte stamme und nicht vielmehr vielleicht erst aufgekommen sei im Zusammenhang mit einer Entwicklungsphase auf dem Gebiet des kirchlichen Rechtes, das auf dem Gebiet der Eheschließung ja immer mehr zur Vorherrschaft gelangte.

Zu diesen Ideen ist nun, soviel mir bekannt, nur von einer einzigen Seite in bestimmter und motivierter Weise Stellung genommen worden, und zwar von einer Seite, deren Urteil besonderes Gewicht beigelegt werden dürfte.[1]

Sie ist schlechthin ablehnend. Ulrich Stutz sagt von meiner ganzen Argumentation: ‚sie schlägt nicht nur nicht durch, sondern spricht im Gegenteil für die herrschende Lehre, daß die alte Trauung fortbestanden und wesentlich geblieben sei, weil das mit der ganzen Entwicklung des Eheschließungsgeschäftes aufs beste übereinstimmt, wie ja auch die Beringung aus einer nur der Frau geltenden Draufgeldgabe ein Ringwechsel geworden ist.'[2]

Unter der ganzen Entwicklung des Eheschließungsgeschäftes versteht er wohl in der Hauptsache im Sinne und nach der Ausdrucksweise der herrschenden Lehre, daß an die Stelle der alten Verlobung und Trauung der Braut durch den Muntwalt zunächst eine Selbstverlobung und Selbsttrauung der Braut getreten und weiterhin die ursprünglich einseitige Trauung der Braut zu einer gegenseitigen Trauung beider Brautleute geworden sei, wobei statt des alten Muntwaltes eine freigewählte Mittelsperson eintrat, statt des geborenen ein gekorener Vormund, dessen Funktion eben ein beiderseitiges

---

[1] Karl Fröhlich enthält sich in seinem Referat in den ‚Hessischen Blättern für Volkskunde' 27 (1929), 285 ff., eines eigentlichen Urteils.

[2] Zeitschrift der Savigny-Stiftung für Rechtsgeschichte, Germanistische Abteilung, Band 49 (1929), S. 473.

Übergeben, Zusammengeben wurde, wie es noch in der späteren und heutigen kirchlichen Trauung fortlebt.[1] Diesen Prozeß will Stutz insbesondere noch glaubhaft machen durch den Hinweis auf die parallele Entwicklung der einseitigen Ringgabe des Bräutigams zur gegenseitigen Beringung, zum Ringwechsel.

Es handelt sich somit tatsächlich um ein Kernproblem der Geschichte des deutschen Eheschließungsrechtes, und meine seinerzeitigen Darlegungen münden schließlich in die allgemeine Frage, ob die erwähnten traditionellen Vorstellungen bei näherer Prüfung der Sprache der Quellen standhalten oder nicht. Ich glaube nun diese Frage endgültig verneinen zu müssen, meine früheren Bedenken als offenen und direkten Widerspruch aufnehmen und vertreten zu sollen.

II.

Es wird nun zunächst geboten sein, auf jenes Argument, das Stutz als ein neues zur Verteidigung der herrschenden Lehre gegen meine Zweifel vorgebracht hat, die Analogie mit der Entwicklung im Gebrauch des Ringes bei der Eheschließung näher einzugehen und in erster Linie durch eine quellenmäßige Untersuchung der Geschichte der Ringreichung im Verlauf der Heirat die Entscheidung zu suchen.

Ich meinerseits glaube nun vor allem, daß die ganze Argumentation von Stutz auf einer irrigen Voraussetzung beruht, die allerdings in der bisherigen Literatur überall herrschend erscheint.

Es ist, wie sich zeigen wird, durchaus verfehlt, einfach von ‚der Beringung‘ zu sprechen, als ob es im altdeutschen Recht eine einzige, in der Entwicklung einheitliche Art der Ringreichung, des Gebens und Nehmens des Ringes bei der Eheschließung gegeben hätte. Das ist keineswegs der Fall. Wir finden vielmehr bei näherem Zusehen im Verlauf der Heirat eine mehrfache Anwendung des Ringes, verschiedene

---

[1] Vgl. Hübner, Grundzüge des deutschen Privatrechtes[5], S. 637. Brunner- v. Schwerin, Grundzüge der deutschen Rechtsgeschichte[8], S. 224.

selbständige Ringgaben in den verschiedenen Stadien, bei
den verschiedenen Akten, mit wesentlich verschiedener
rechtlicher Funktion, d. h. mit Verschiedenheit der konkreten Zweckbestimmung und auch sogar der Subjekte. Sie sind in der bisherigen Forschung zu Unrecht gewöhnlich miteinander identifiziert, wenigstens nicht genügend
auseinandergehalten worden.

1.

Wenn Stutz vom Ring als einer nur der Frau geltenden Draufgeldgabe redet, so meint er damit natürlich
eine Gabe des Bräutigams an die Braut bei der Verlobung (desponsatio), als einem auf Erfüllung in der Zukunft
gerichteten Vertrag.[1] Diese Beringung hatte einerseits notwendig zur Grundlage eine selbständige Teilnahme der Braut
bei diesem Geschäft, ein Recht der Zustimmung zur Verfügung
des Muntwalts im eigentlichen Muntvertrag, der grundsätzlichen
Einwilligung, die Frau des Bewerbers zu werden, andererseits
als Zweck die Sicherung der Einhaltung ihres Wortes, des
Festbleibens bis zum wirklichen Abschluß der Ehe.

Das Vorkommen dieser Ringgabe erscheint bezeugt in
fränkischer Zeit hauptsächlich bei den Westgoten und den
Langobarden, also jenen Stämmen, deren Recht vorzugsweise
vom römischen beeinflußt war, welch letzteres den ‚anulus
pronubus‘ kannte, und von woher er nach der allgemeinen Annahme in das germanische übernommen wurde.[2] Die Bezeichnung für den Ring ist in diesen Quellen ‚arrha‘, für den Akt
der Ringgabe ‚subarrhatio cum anulo‘. Man hat demnach
diesen Verlobungsring auch für das germanische Recht im
Sinn einer ‚arrha‘ als Draufgeld, Angeld oder auch eines Laune-
gilds, Haftgelds gedeutet.[3]

Diese herrschende Ansicht ist aber keineswegs sicher und
unbestritten. Vielmehr ist bereits mit Entschiedenheit und mit

---

[1] Vgl. überhaupt zur ganzen Frage Walther v. Hörmann, Quasi-
affinität, II, 1, hauptsächlich S. 196 ff., 550 ff.

[2] Vgl. insbesondere Franz Hofmann, Über den Verlobungs- und den
Trauring, Sitzungsberichte der Wiener Akademie, phil.-hist. Klasse, 65.
825 ff.

[3] Vgl. z. B. Hübner, Grundzüge d. deutschen Privatrechtes,⁵ S. 634, 635.

guten Gründen die Behauptung entgegengestellt worden, daß
dieser Verlobungsring der langobardischen Quellen ausschließlich eine symbolische Bedeutung hatte, daß er nur Sinnbild
sein sollte für die Bindung, Verpflichtung der Braut zur
Treue, also der Brauttreue, nur ‚signum fidei‘, aber in keiner
Weise rechtliches Perfektionsmittel des Vertrages. Diese rechtsgeschäftliche Funktion einer ‚arrha‘, bzw. einer Vor- oder
Scheinleistung als Angeld oder Haftgeld sei vielmehr lediglich
verknüpft gewesen mit der stets neben der Ringgabe, gewöhnlich
aber allein erwähnten Geldzahlung, Überreichung einer bestimmten Zahl von Geldstücken.[1]

Diese Auffassung wird, wie ich glaube, ganz wesentlich
dadurch unterstützt und bestätigt, daß, wie vorwegnehmend
festgestellt werden mag, bei allen anderen Fällen einer
Ringgabe, denen wir im Verlauf der Eheschließung begegnen,
ausschließlich diese Bedeutung vorliegt und zwar ganz
unzweideutig zutage tritt. Nirgends findet sich auch nur die
leiseste Beziehung auf den Vermögenswert des Ringes, nirgends
hat er auch nur den Schein vom Charakter eines ‚Geldes‘.
Er ist überall einzig und allein Symbol, Zeichen jener Idee,
für welche er seiner Natur nach als sinngemäßer formaler
Ausdruck erscheint, eines ethisch rechtlichen Bandes, das von
einer Person um die andere gelegt wird, der Verbunden-
heit zur Treue.

Es erscheint also nicht einmal als ausgemacht, daß der
Ring überhaupt jemals, auch selbst in der zuerst und zunächst
beobachteten und beachteten Anwendung bei der Verlobung,
den rechtlichen Charakter einer Draufgeldgabe gehabt hat.
Ganz und gar ausgeschlossen, schlechthin abzulehnen aber ist
die Annahme, daß an diese Beringung sich irgendeine weitere
Entwicklung knüpfte, daß der Brautring zum Ehering
und als solcher gegenseitig geworden sei. Allerdings ist dies
die allgemein herrschende Meinung. Diese Vorstellung ist
aber eben nur zwangsläufig hervorgerufen durch den Grund-
fehler der bisherigen Forschung, daß sie nämlich die verschie-

---

[1] Siehe hauptsächlich Francesco Brandileone, Die Subarrhatio cum
anulo, Deutsche Zeitschrift für Kirchenrecht 10, 311 ff., außerdem Hörmann, a. a. O.

denen rechtlichen Elemente der Heirat, das Muntgeschäft
und das Eheschließungsgeschäft im eigentlichen Sinn,
und wieder die in der Zustimmung der Frau hervortretende
Einigung der Brautleute bei der Verlobung und die
Konsenserklärung derselben zur Ehe nicht entsprechend
auseinandergehalten hat und dadurch eben genötigt war, die bei
den verschiedenen Akten vorkommenden Ringgaben in ihrem
Wesen zu identifizieren und die eine aus der anderen her-
vorgehen zu lassen. Man hat sich diesen Zusammenhang
von Brautring und Ehering auf die verschiedenste Weise zu-
rechtgelegt. Es erscheint aber als überflüssig, auf die einzelnen
einander widersprechenden und bekämpfenden Konstruktionen
näher einzugehen.[1] Sie werden alle gleichmäßig von vornherein ausgeschlossen und radikal widerlegt durch zwei korre-
spondierende Tatsachen:

einerseits nämlich, daß die alte Beringung bei der
Verlobung zur Begründung des Brautstandes, der Brautring als solcher sich in deutlichen Spuren forterhalten
hat bis auf den heutigen Tag,

und andererseits, daß die Ringgabe bei der Vermählung, der Begründung des Ehestandes, der Ehering,
als Symbol der ehelichen Treue schon sehr früh, in unmittelbar nachfränkischer Zeit, in fester und ausgebildeter
Gestalt auftritt. Beide standen also von Haus aus nebeneinander, und zwar ist es ganz offensichtlich speziell die
letztere, welche, ursprünglich auch einseitig, in völlig durch-
sichtiger Entwicklung zum Ringwechsel geworden ist.

Für die ersterwähnte Tatsache finden sich gerade
aus dem deutschen Rechtsgebiet zwar nur indirekte, aber,
wie mir scheint, völlig ausreichende Beweise. Als ein solcher
muß wohl vor allem gewertet werden das bekannte Sprichwort: ‚Ist der Finger beringt, ist die Jungfer bedingt.‘[2] Das
kann doch nur auf den Brautring gedeutet werden. Das
Sprichwort stammt allerdings in dieser Form offenbar erst

---

[1] Vgl. Hofmann, a. a. O., 852 ff., 866 ff. R. Sohm, Das Recht der Eheschließung 101 ff., Trauung und Verlobung 41 ff. Brandileone, a. a. O.,
339. Hörmann, a. a. O., 550 Anm.
[2] Graff und Dietherr, Deutsche Rechtssprichwörter. S. 121.

aus jüngerer Zeit, es beweist aber jedenfalls auch nach rückwärts.

Dazu kommt noch weiter, daß sich Spuren einer Ringgabe bei der Verlobung vereinzelt noch heute im Brauch insbesondere ländlicher Kreise zeigen. So z. B. im Hunsrück[1] und in der Oberpfalz. Die hier üblichen Vorgänge bei der feierlichen Familienverlobung sind überhaupt von solchem Interesse, daß ein kurzer Auszug aus einer ausführlichen Beschreibung[2] derselben hier Platz finden mag.

Zunächst findet zwischen dem Vater der Braut und dem Bräutigam und beiderseitigen Vertrauensmännern (Nachfolger der alten Sippegenossen?) eine Besprechung und Bereinigung der ganzen Eheangelegenheit, insbesondere des Vertrags, betreffend die vermögensrechtlichen Leistungen, statt. Ist das geordnet, so werden nun erst die Mutter und die Tochter gerufen und letztere um ihre Einwilligung befragt, welche natürlich auf Grund der bereits vorausgegangenen Verständigung zwischen den jungen Leuten von vornherein feststeht. Zur Bestätigung des Übereinkommens gibt nun der Bräutigam der Braut die Hand und zugleich die Brautgeschenke und das Drangeld. Die ersteren bestehen in einem Stück Seidenzeug zu einem Mieder, einem seidenen Halstuch, Wachsstock, Fingerl, Gebetbuch, Rosenkranz; das Drangeld besteht in den sogenannten Ehetalern, wenigstens drei Stücken — es ist das Haftelgeld (!) und bleibt der Braut, wenn auch der Freier zurückgehen sollte —. Sowie das Mädchen das Drangeld angenommen hat, sagt die Mutter zu ihr: ‚Nun bist du Braut und hast die Haut — das Häutchen — verkauft.‘ Darauf entfernt sich die Tochter und erscheint wieder in Feierkleidern, um bei der Gesellschaft zu verbleiben.

Eine große Rolle hat dieser Brautring speziell in den höheren Gesellschaftskreisen offenbar nicht gespielt. In den Heldengedichten Nibelungenlied und Gudrun wird bei den verschiedenen lebensvollen Schilderungen von Verlobungsgeschäften eine Ringgabe des Bräutigams an die Braut niemals erwähnt, ebensowenig in den zahlreichen Heiratserzählungen

[1]	Siehe Weinhold, Die deutschen Frauen im Mittelalter[3] 1, 343, Anm. 1.

[2]	Bei Schönwerth, Aus der Oberpfalz, Sitten und Sagen 1, 55ff.

der höfischen Epen. Sie ist also jedenfalls sehr stark zurückgetreten, was, wie wir noch sehen werden, ganz erklärlich erscheint.

Was nun die rechtliche Beurteilung dieser Beringung der Braut bei der Verlobung betrifft, so erhellt aus dem Obigen einmal das eine mit voller Sicherheit, daß dieselbe immer einseitig geblieben ist. Nur der Bräutigam beringt den Finger der Braut und ‚bedingt' sie damit. Er selbst haftet für sein Versprechen in alter Weise mit Handschlag und dem Drangeld.

Die Frage nach der funktionellen Bedeutung dieser Beringung läßt sich zwar nicht ebenso bestimmt beantworten. Das ‚bedingt' in dem Sprichwort könnte an sich ja zur Not auch im Sinne der Wirkung einer arrha ausgelegt werden. Viel natürlicher aber erscheint auch hier schon von vornherein für den Ring die reine Bedeutung eines Treusymbols, und diese Auffassung wird, wie ich glaube, ebenfalls wieder durch den Umstand so gut wie außer Zweifel gestellt, daß auch bei den noch üblichen Verlobungsbräuchen neben dem Ring oder ohne denselben immer ein Drangeld in Münzen, wirklichen Geldstücken gegeben wird. So sehen wir, daß in der Oberpfalz ganz ausdrücklich den Ehetalern allein der Charakter eines Bestärkungsmittels beigelegt wird, und zwar in der alten Bedeutung eines Scheinkaufpreises, während der Ring nur unter den Brautgeschenken, und zwar in nebensächlicher Stellung aufscheint.

2.

Können wir somit immerhin das ununterbrochene Fortleben des Brautringes in der alten Funktion mit Sicherheit feststellen, so finden sich umgekehrt ganz direkte und schlagende Beweise für das hohe Alter des Eheringes, seine gleichzeitige Anwendung in selbständiger Form und Bedeutung.

Das wichtigste Zeugnis bietet uns auch wieder eine deutsche Quelle, welche überhaupt für die Geschichte des Ringes besonders aufschlußreich erscheint und einen lichtvollen Hintergrund abgibt für die Beurteilung aller anderen Nachrichten und Erscheinungen. Es ist das bekannte lateinische Gedicht ‚Ruodlieb‘, entstanden auf bayrischem Gebiet im Anfang des 11. Jahrhunderts (um 1030).[1] Dasselbe ist bereits von Otto Opet[2] eingehend gewürdigt worden. Da aber gerade die hier in Betracht kommenden Stellen teils ganz außer acht gelassen, teils nicht zutreffend gedeutet werden, und seine Ausführungen überhaupt nur wenig Beachtung und Berücksichtigung gefunden haben, so dürfte es wohl gerechtfertigt, ja geboten erscheinen, im folgenden darauf neuerlich einläßlicher zurückzukommen, als es der unmittelbare Zweck dieser Untersuchung erfordern würde, und manche Einzelheiten des rechtlichen Inhalts hervorzuheben und zu beleuchten, die zwar im weiteren Sinne zur Sache, aber doch nicht streng zum Gegenstand gehören.

Der ‚Ruodlieb‘ enthält nämlich eine ausführliche Geschichte einer Eheschließung, deren Wert in verschiedener Richtung für die rechtsgeschichtliche Forschung gar nicht hoch genug angeschlagen werden kann.

Vor allem wegen des hohen Alters. Die Entstehungszeit liegt noch der volksrechtlichen Periode so unmittelbar nahe, daß kein Zweifel darüber bleiben kann, daß die Geltung der darin hervortretenden Rechtselemente noch in diese Periode zurückreicht, daß dieselben als altverwurzeltes Volksrecht angesehen werden können. Und dies um so mehr, als die ganze Darstellung von einer geradezu unerhörten Unmittelbarkeit, frischer Natürlichkeit und Lebenstreue ist, die den Verdacht subjektiver Konstruktion, tendenziöser Gestaltung unbedingt ausschließt. Es kommt noch dazu, daß der Dichter gerade die Schilderung rechtlicher Vorgänge mit sonst

---

[1] Ruodlieb, der älteste Roman des Mittelalters, herausgegeben von Friedrich Seiler 1882.

[2] Brauttradition und Konsensgespräch, S. 123 ff. Das Buch ist mir seinerzeit, wie so manches andere in langen Krankheitsjahren, leider entgangen; es hat aber auch sonst in der seitherigen Literatur, soweit ich sehe, kaum eine tiefere Spur zurückgelassen. Sein Hauptwert besteht in dem Reichtum des beigebrachten Materials und in den kritischen Partien. Dagegen ist die eigene positive Interpretation der Quellen vielfach mißverständlich und die prinzipielle Lösung der Probleme zum Teil wohl abwegig.

seltener, ins einzelne gehender Genauigkeit einflicht. So auch
die einer Gerichtsverhandlung.[1] Wir finden überall eine Vereinigung von blühendem Leben mit schärfster juristischer
Prägung und haben zugleich ein besonders schlagendes Beispiel
dafür, um wieviel besser wir die Tatsächlichkeit des Rechts-
lebens aus den Gedichten kennen lernen können als aus den
eigentlichen Rechtsquellen, insofern nur für jene im Einzelfall
mit Grund angenommen werden kann, daß nicht die Phantasie
des Dichters die Vorgänge willkürlich gestaltet hat. Durch
die allgemeine Kenntnis des geltenden volkstümlichen Rechtes
waren dieser in jener Zeit aber ja schon sehr enge Grenzen
gezogen. In der vorliegenden Erzählung nun gehen die Dinge
im ganzen so natürlich-menschlich vor sich, in so vielen Einzelheiten genau so, wie sich eine Liebes- und Heiratsgeschichte
auch heute abspielt, daß man an der Echtheit der Darstellung
nicht zweifeln kann; allerdings zum Teil gar nicht nach den
Vorstellungen, die wir uns auf Grund der schematischen Vorschriften der Rechtsquellen gebildet haben. Das darf aber
keineswegs Bedenken gegen die Lebenswahrheit der Schilderung
erwecken. Die Dichter wählen für ihre Darstellung eben nicht
die typischen Normalfälle, die alltäglichen Vorkommnisse,
auf welche die gesetzlichen Bestimmungen berechnet sind,
sondern besonders interessante, merkwürdige, für die poetische
Behandlung geeignete Stoffe und lassen daran erkennen, wie
sich die Rechtsanwendung nach Maßgabe der konkreten Vor-
aussetzungen gestaltet hat.

    Es handelt sich also um die Liebes- und Heiratsgeschichte
eines Neffen des Helden Ruodlieb und der Tochter einer nicht
näher bekannten edlen Dame, anscheinend Witwe, denn der
Vater kommt überhaupt nicht vor. Die Sache spinnt sich bei
einem Tanze gleich heftig an, und schon als sich die beiden
jungen Leute am Ende desselben niedersetzen

>*in alterutrum nimis ardent*
>*Lege maritali cupientes consociari.* (IX 58, 59).

Die Mutter sorgt dafür, daß sie allein sich aussprechen können.
Auf Vorschlag des Mädchens spielen sie Würfel, und zwar um

---

[1] VIII. 11 ff. Vgl. auch Einleitung von **Seiler**, S. 95, 96.

Ringe an ihrer Hand. Beide verlieren nacheinander mit Absicht, so daß jedes einen Ring vom anderen empfängt und sich ansteckt.

Hunc dominella rogat, quo secum tessere ludat,
Annulus ut nicti donetur ter superanti.

Der junge Mann schlägt vor, daß schon ein Spiel entscheiden soll.

Hęc ea laudauit ludens et eum superauit,
Gratis perdente iuuene gratis sibi dante.
Quę nimium lęta, se sic habuisse trophęa,
Ludendo proprium cito perdebat digitalem,
Quem trahit a digito iaciebat eique rotando. (IX, 63 – 70).

Wir haben also eine **Verlobung pro foro interno**, die Einigung auf Brautstand und Ehe zwischen den Liebenden, ein Vorgang, den wir ja genau so heute in alltäglicher Erscheinung kennen. Diese Verlobung ist nun auch hier durchaus kein Rechtsakt, aber er hat doch grundlegende Bedeutung und Wirkung, er erscheint in dem Gedicht fortan immer als die eigentliche Wurzel, aus welcher eine geradlinige Entwicklung zum Abschluß des Ehebundes führt.[1]

Und was für uns das Bemerkenswerteste ist: Wir treffen in der Szene bereits den **Ring 'im Spiele'** und zwar gleich schon in der Form des **Ringwechsels**, allerdings eben nicht

---

[1] Zum Vergleich kann vielleicht auch das Waltharilied herangezogen werden. Obwohl hier die beiden schon seit Kindertagen von den Eltern familienrechtlich verlobt und sich dessen bewußt sind — *Ambo etenim norant, de se sponsalia facta* — erscheint als der entscheidende Schritt doch die gegenseitige Anerkennung des Brautstandes, die keineswegs als notwendig hingestellt wird. Hiltgund nimmt Walthers Berufung darauf zunächst nicht für ernst und hält es für unmöglich, daß ein so berühmter Held ein Mädchen wie sie zur Braut haben möchte.

Quid lingua simulas, quod ab imo pectore damnas,
Ore que persuades, toto quod corde refutas?
Sit veluti talem pudor ingens ducere nuptam.

(Lateinische Gedichte des 10. und 11. Jahrhunderts von J. Grimm und A. Schmeller, S. 10, 11, v. 229, 237 ff.) Erst nach und seit ihrer beiderseitigen ausdrücklichen Erklärung tritt das Brautverhältnis in äußerliche und durchgreifende Wirksamkeit.

als rechtlichen Formalakt. Er ist vielmehr nur künstlich ver-
hüllt, aber doch mit Absicht herbeigeführt und die tatsächliche
Bedeutung ist ganz unverkennbar. Das gegenseitige Zuspielen
und Anstecken des Ringes ist gemeint und wird aufgenommen
als stumme Liebeserklärung, als Ausdruck des Einverständ-
nisses zur persönlichen Gebundenheit als Brautleute,
als Zeichen des Willens, einander anzugehören. Und sie
sind bereit, merkwürdigerweise auf Wunsch des Fräuleins,
diesen Willen auch gleich zur Ausführung zu bringen, was nur
an Bedenken der Mutter scheitert.

> *Mater si sineret, vel in ipsa nocte coirent.*
> *Illa tamen sineret, sibi si non dedecus esset.*
> *Ut prestoletur, tunc uirgo uix superatur.* (X, 30—33.)

Dieser ganze Vorgang liegt nun allerdings, wie schon
bemerkt, hier noch außerhalb des eigentlichen Rechtsge-
bietes. Aber er ist doch für die Rechtsgeschichte des Ringes
bei der Heirat in zweifacher Hinsicht sehr belehrend: einmal
weil er die alte grundsätzliche Auffassung des Ringes als
Treusymbol in besonders klares Licht stellt und dann, weil
er es begreiflich werden läßt, daß nach solcher gegenseitiger
Beringung in der, sagen wir, internen Verlobung eine weitere
Bindung durch den Brautring bei der feierlichen Familienverlobung als überflüssig erscheinen und sohin überhaupt
leicht wegfallen konnte.

Was nun aber für uns in dieser Erzählung vor allem in
Betracht kommt, ist das Auftreten des Ringes als Formal-
element bei der Feier der Eheschließung, der Vermählung, als Ehering in seiner ursprünglichen Erscheinungs-
form.

Die ganze Hochzeit im weiteren Sinne des Wortes erfolgt
in Gegenwart und unter Teilnahme der beiderseitigen Ver-
wandten unter der Leitung des Ruodlieb, der zunächst eine
orientierende Ansprache an dieselben richtet:

> *Nunc audite mihi curate uel auxiliari,*
> *Connubium quoddam quo fiat, nunc stabilitum,*
> *Est quod laudatum sic ad nos induciatum,*
> *Ad quod prçsentes mihi uos cupio fore testes.* (XV, 19—22.)

Das ‚Connubium‘, die Eheschließung, ist also gelobt, es hat eine Verlobung stattgefunden, jedenfalls auf der ausdrücklich erwähnten Brautfahrt im Hause der Mutter des Mädchens, aber sie wird nicht beschrieben, ist wohl auch kaum als in den vollen üblichen Formen erfolgt zu denken, da wie gesagt in keinem Stadium der Geschichte der Vater oder ein Vormund auftritt, sondern die familienrechtliche Obergewalt nur durch die Mutter und die Magen in der schwächlichen Form einer Zustimmung repräsentiert wird.

In der weiteren Darlegung geht Ruodlieb wieder davon aus, daß die Brautleute

Mutuo diligerent sese, dum tessere ludunt,
Lege maritali cupientes consociari. (XV, 24, 25.)

Auch der Bräutigam wendet sich noch an die Versammelten, bittet um ihre Zeugenschaft und erhält ihre Zusage:

Hanc desponsari desidero uel mihi iungi,
Ut sitis testes et ad hoc mihi, queso, libentes,
Alterutros cum nos dotabimus est ueluti mos.
Qui dicunt: ‚prompte tibi subueniemus in hac re.‘

(XV, 38—41.)

Von einer traditio geschieht ebenfalls keine Erwähnung, vielmehr findet nun sofort der Akt statt, in dem wir gleich die Vermählung im Ring erkennen, die Abfragung des Jawortes, den Ehevertrag der Brautleute,[1] und daran schließt sich die genaue Beschreibung des sonst nirgends überlieferten Formalakts mit dem Ring. Die ganze Stelle mag wegen ihrer außerordentlichen Wichtigkeit und zur Bestätigung dessen, was über den Charakter der Dichtung ausgeführt wurde, hier vollinhaltlich aufgenommen werden:

---

[1] Auch im Waltharilied lautet die kurze Meldung von der Eheschließung Walthers und Hildegunds nach der Heimkehr am Schluß einfach:

Publica Hiltgundi fecit sponsalia rite (v. 1448).

Unter den *publica sponsalia* sind unzweifelhaft die Vermählungserklärungen im Ring verstanden, im Gegensatz zu den *sponsalia de se facta* (oben S. 15, Anm. 1), dem Verlobungsvertrag der Eltern.

XV.

49 *Hanc hunc uxorem suimet si uellet habere*

50 *. . . . .*

    Illam . . . .

    Illum si uellet, rogitant; parum quoque ridet,

    Post ait: ,an seruum nolim ludo superatum,

    Tessere quem uici sub talis fęnore pacti,

    Seu uincat seu succumbat, soli mihi nubat.

55 *Seruiat obnixe, uolo, quo mihi nocte dieque,*

    Quod quanto melius facit, est tanto mihi karus.‘

    Tunc risus magnus fit ab omnibus atque cachinnus,

    Tam pręsumtiue loquitur quod tam uel amice.

    Eius at ut matrem cernunt hęc non renuentem

60 *Et genus amborum par posseque diuitiarum.*

    Discutiunt caute, .bene conueniant quod utrimque,

    Hanc desponsari sibi censent lege iugali.

    Sponsus at extraxit ensemue piramide tersit;

    Anulus in capulo fixus fuit aureus ipso,

65 *Affert quem sponsę sponsus dicebat et ad se:*

    ,Anulus ut digitum circumcapit undique totum,

    Sic tibi stringo fidem firmam uel perpetualem,

    Hanc seruare mihi debes aut decapitari.‘

    Quę satis astute iuueni respondit et apte:

70 *,Iudicium parile decet ut patiatur uterque.*

    Cur seruare fidem tibi debeo, dic, meliorem,

    Quam mihi tu debes? Dic, si defendere possis,

    Si licuisset Adę, męcham superaddat ut Euę,

    Vnam cum costam faceret deus in mulierem;

75 *Quam de se sumptam cum proclamauerat Adam,*

    Dic, ubi concessas binas sibi legeris Euas,

    Cum meretricares, essem scortum tibi uelles?

    Absit, ut hoc pacto tibi iungar; uade, ualeto

    Et quantumcunque scortare uelis, sine sed me.

80 *Tot sunt in mundo, tibi ceu quo tam bene nubo.‘*

    Sic dicens, gladiam sibi liquerat et digitalem.

    Cui dixit iuuenis: ,fiat, dilecta, uelut uis.

    Vmquam, si faciam, tibi quę dedero bona perdam

85 *Istius capitis abscidendique potens sis.'*
    Quę modicum ridens ad eum seseque reuertens
    Inquit: ‚ea lege modo iungamur sine fraude.'
    Huius amen dixit procus et sibi basia fixit.
    His ita coniunctis ęnesis fit maxima plebis,
    Laudantes dominum cantizabant hymenęum.

Es folgt die Aufzählung der Hochzeitsgeschenke, welche
das Paar erhält, worauf der Dichter die Szene schließt mit
den Worten:

> *Qualiter inter se concordent, quid mihi curę?*

Was ist nun der rechtliche Sinn dieses symbolischen Aktes mit dem Schwert und dem an den Griff
gesteckten Ring? Da ist vor allem ein naheliegendes Mißverständnis zurückzuweisen. Die Handlung bedeutet keineswegs,
wie man vielleicht auf den ersten Blick aus der bekannten
uralten symbolischen Bedeutung des Schwertes zu schließen
geneigt sein könnte — und auch tatsächlich geschlossen hat —,
die formale Geltendmachung und Anerkennung der eheherrlichen Gewalt im allgemeinen. Diese Auffassung wird von
vornherein dadurch ausgeschlossen, daß die Frau die Forderung
auf Gegenseitigkeit der für sie an diesen Akt geknüpften
Wirkungen, auf Anerkennung der gleichen, resp. korrespondierenden Verpflichtung auf Seite des Mannes erhebt und durch-
setzt. Es fehlt auch jedes Wort und jede Handlung, welche
auf eine Unterwerfung der Frau unter die eheherrliche Gewalt
als solche bezogen werden könnte, wie sonst etwa das Ergreifen
des Schwertes in diesem Sinne vorkommt. Es ist auch ganz
unberechtigt, herauszulesen, daß ‚der Mann sein Schwert über
die Frau zückt', und den ganzen Vorgang überhaupt nur als
‚Schwertzückung' aufzufassen und zu charakterisieren;[1] das
widerspricht direkt dem ganz klaren Wortlaut. Das Schwert
erscheint dabei überhaupt gar nicht als Kern der Symbolik,
das ist vielmehr offenbar eben der Ring, die Darreichung,

---

[1] Opet, a. a. O., S. 129, 130; Herbert Meyer, Friedelehe und Mutterrecht, S. 212, 240.

bzw. speziell die Abnahme, Annahme desselben. Darauf
allein geht die Forderung des Mannes, davon ist überhaupt
nur die Rede.

Was nun aber der Ring und seine Entgegennahme be-
sagen und bewirken soll, wird mit einer Eindeutigkeit erklärt, die gar nichts zu wünschen übrig läßt. Ausdrücklich wird der rein sinnbildliche Charakter des Ringes
ausgesprochen und der Zweck der Hingabe, bzw. die Folge
der Abnahme damit in Vergleich gebracht. Dieser Zweck
aber ist einzig und allein die Begründung und Anerkennung
einer Bindung, der engen, strengen Gebundenheit der
Frau zur ehelichen Treue. *(Anulus ut digitum circumcapit
undique totum, — sic tibi stringo fidem firmam uel perpetu-
alem, — Hanc seruare mihi debes aut decapitari.)*

Ganz und gar nicht liegt darin eine Äußerung oder Anerkennung eines allgemeinen Rechtes des Mannes über Leben und
Tod. Die durch das Schwert versinnbildete Gewalt des Mannes
zur Tötung ist nur auf einen Einzelfall beschränkt, auf den Fall
der Untreue der Frau, sie erscheint nur als Sanktion der
Treupflicht der letzteren. Das kann doch nicht klarer und
überzeugender zum Ausdruck kommen, als wenn der Mann
das Tötungsrecht aus dem gleichen Grund auch der Frau
zugesteht.

Die Anwendung des Schwertes als Träger des Ringes
erweist sich aber doch in doppelter Richtung als bedeutsam.
Sie beweist einerseits, daß die in Rede stehende Verbindung
als eine Muntehe gedacht ist, als welche sie ja auch bestimmt
durch die *dos* charakterisiert wird. Und andererseits: vermöge
der Anlehnung des Ringaktes an die Schwertsymbolik ist derselbe hier naturgemäß noch ganz einseitig.

Aber nach der demselben innewohnenden Idee zeigt er
doch bereits die Tendenz zum Gegenseitigwerden in dem in
der Form scherzhaften, aber in der Sache doch ernstgemeinten
und erfolgreichen Auftreten der Frau.

Schon dies, und überhaupt auch die Begründung, auf
welche sie ihren Anspruch stützt, erweist wieder ganz deutlich, daß es sich bei der ganzen Sache um gar nichts anderes
handelt als speziell um die eheliche Treupflicht. Der Mann

hatte durch sein unmittelbares Vorleben, ein anstößiges Verhältnis (scortum turpe) mit einer schändlichen Buhlerin, der
er eben durch diese Heirat entrissen werden sollte (XV, 26—
29), der Frau Anlaß zu Befürchtungen gerade in dieser
Richtung gegeben, welche sie berechtigten, feste Garantien
dagegen zu verlangen.

Wenn wir nun noch auf eine genauere juristische
Charakterisierung dieses Ringaktes eingehen, so erscheint es vor allem ganz offenbar, daß wir hier den eigentlichen Ehering vor uns haben.[1] Das bezeugt schon die
Stellung des Aktes unmittelbar nach den Konsenserklärungen,
das beweisen ferner auch die unmittelbar anschließenden Vorgänge: Kuß, Hochzeitsgesang, Hochzeitsgeschenke sowie endlich die scherzhafte Schlußfrage des Dichters, wie die beiden
wohl miteinander auskommen werden.

Der Kuß ‚maritali affectu‘[2] erscheint also auch hier schon
als ein wesentlicher abschließender Formalakt bei der Vermählung, er hat rechtlichen Charakter: ‚publici signo osculi‘
wird die Ehe geschlossen.[3]

Die ganze formale Einkleidung des Ringaktes zeigt sodann ohne weiteres, daß dieser Ehering ganz unmöglich
vom Brautring herstammen, in irgendeinem genetischen
Zusammenhang mit demselben stehen kann. Daß da weder

---

[1] Vgl. Opet, a. a. O., 128.

[2] S. unten S. 30, im Gegensatz zum Umarmen und Küssen, das auch
unter Verlobten Recht und Brauch war. So Waltharilied: W. trifft
Hiltgund allein im Königssaal: *cui post amplexus atque oscula dulcia
dixit.* (v. 221, 222, a. a. O., S. 10.)

[3] S. unten S. 30. Der symbolische Sinn wird schön ausgesprochen in
Gottfrieds Tristan:

> *nu gât her unde küsset mich:*
> *Tristan und Isôt, ir und ich,*
> *wir zwei sin iemer beide*
> *ein dinc ân' underscheide.*
> *dirre kus sol ein insigel sin,*
> *daz ich iuwer unde ir min*
> *beliben stæte unz an den tôt,*
> *niwan ein Tristan und ein Isôt.* (v. 18.355—18.362.)

Deutsche Klassiker des Mittelalters. 8. Bd., herausg. v. K. Bechstein
2, 265.

von einer Wiederholung noch von einer wirklichen Verlegung
der Ringgabe aus dem Verlobungs- in das Vermählungs-
geschäft die Rede sein kann, erscheint doch auf den ersten
Blick klar: Man denke auch nur an die Entstehungszeit des
Gedichtes. Schon gar, wenn man den Ring bei der Verlobung
als arrha, Angeld oder Haftgeld ansehen will, liegt es auf
der Hand, daß jene Annahme bei unserer Ringreichung auf
dem Schwert schlechthin ausgeschlossen ist. Und nicht bloß
vom formalen, sondern auch vom sachlichen Gesichtspunkt
aus. Es handelt sich da eben nicht um die künftige Erfüllung
eines Versprechens. sondern um einen Vertrag mit ganz prä-
senten Wirkungen.

Aber auch wenn wir den Ring schon bei der Verlobung
nur als Treusymbol fassen, besteht ein scharfer Gegensatz in
der rechtlichen Funktion zwischen dem Brautring und dem
Ehering in unserem Gedicht. Jener ist Symbol der Brauttreue, er bindet die Braut zum Beharren in dem Willen, mit
dem Bräutigam in einem späteren Zeitpunkt die Ehe einzugehen. Dieser ist Symbol der Gattentreue, er bindet die
Frau zum unverbrüchlichen Beharren in der aus der Ehe
entspringenden Treupflicht gegenüber dem Mann.

Die Annahme einer Verwandlung des Brautringes in den
Ehering im Wege der Wiederholung oder sonstigen Verlegung
könnte endlich auch ganz unmöglich die eigentümliche,
bedeutsame Rolle und Wirkung erklären, welche der
Ringreichung, resp. Ringnahme in dem Gedicht offensichtlich
zukommt. Der Wortlaut läßt hier, wie mir scheint, wirklich
keine andere Auffassung und Auslegung zu, als daß die
Vollwirksamkeit der Eheschließung erst durch den
letzteren Akt hervorgebracht wird.

Nach der erfolgten Abfragung des beiderseitigen Ehe-
willens und im Hinblick auf das Folgende ergeht erst noch
der Bescheid der Sippegenossen: *Hanc desponsari sibi
censent lege iugali* (62). Das kann doch wohl nicht anders
interpretiert, werden als daß die ‚desponsatio‘ — die Bedeutung derselben als Eheschließungsakt wird gleich näher
besprochen und klargestellt werden — noch nicht da, wenigstens nicht vollkommen war, sondern erst vollendet, voll

wirksam werden sollte. Und daß das eben durch den Formalakt mit Schwert und Ring geschah, zeigt die unmittelbare
Fortsetzung: *Sponsus at extraxit* (63). Die Weigerung und
Drohung der Braut sodann geht in den Satz aus: *Absit, ut
hoc pacto tibi iungar* (78); und auf das Zugeständnis des
Mannes lautet ihre Bereiterklärung: *Ea lege modo iungamur
sine fraude* (86). Das ‚iungi‘ wird also immer als noch aus-
stehend, bzw. als erst bevorstehend hingestellt, und dem-
entsprechend heißt es dann, nachdem Ringnahme[1] und Kuß
stattgefunden: *His, ita coniunctis* (88). Es steht somit wohl
außer Zweifel, daß im Sinne des Dichters erst die Ring-
zeremonie den eigentlichen Perfektionsakt für die
Eheschließung bildete.

Einfach als Ausführungs-, Vollzugshandlung gegenüber
der Konsenserklärung im Ring kann der Ringakt aber schon
mit Rücksicht auf die reine Einseitigkeit nicht angesehen
werden. Er bedeutet vielmehr offenbar eine neue, feierliche Einigung auf den Eintritt der besonders strengen
Treupflicht der Frau unter der Sanktion des Tötungsrechtes
für den Mann, einen speziellen Treuvertrag, der zur allgemeinen Willenseinigung, einander zum Mann, zur
Frau zu nehmen, dem Ehevertrag als solchem erst
noch hinzutreten mußte.

Für diese unmittelbar aus dem Text des Gedichtes entwickelte Auffassung von der Bedeutung des Ringaktes vermag
ich nun noch eine sprechende Bestätigung, geradezu einen
direkten Beweis zu erbringen aus Urkunden, die um mehr
als 300 Jahre jünger, somit zwar nicht mehr den eigentlichen
Formalakt, wohl aber einen selbständigen nun gegenseitigen

---

[1] Daß diese, weil nicht ausdrücklich berichtet, nach der Vorstellung des
Dichters gar nicht erfolgt, vielmehr der ganze Formalakt unvollendet
geblieben sei, ist eine vollkommen haltlose Behauptung Opets
(a. a. O., 129, 130). Die Weigerung der Braut, sich dem unsicheren
Gatten gegenüber zur Treue zu verpflichten, wird in der Ausführung
beschrieben: *gladium sibi liquerat et digitalem* (81). Daß das Eingehen
auf die Bindung umgekehrt durch den korrespondierenden Akt der
Abnahme des Rings vom Schwert verwirklicht wurde, versteht sich
doch so von selbst, daß der Dichter es wirklich nicht nötig hatte, es
ausdrücklich zu erwähnen.

Treuvertrag noch ganz unverändert aufweisen und inhaltlich erläutern. Es sind Eintragungen in dem Urteilsbuche des geistlichen Gerichtes zu Augsburg.

a 1349. Klage auf Anerkennung einer Ehe. Der Kläger gibt unter seinem Eid an, *quod pater ipsius sibi dixerit: ,tu debes recipere illam‘, denotans ream, ,legitimam in uxorem‘ (?) et quod ipse responderit: ,ego volo eam libenter habere pro legitima uxore‘; et viceversa idem pater interrogaverit ream: ,vis tu accipere eum,‘ denotans actorum, ,legitimum in maritum‘ (?) que responderit: ,ita‘. et post hoc conjunctis manibus principalium actor dixerit ree: ,accipe fidem meam quod ego nunquam volo aliam uxorem legitimam accipere quam te‘, et quod viceversa rea dixerit actori: ,accipe fidem meam quod ego nunquam volo alium maritum legitimum accipere nisi te.‘*

Dieser Treuakt wird in seinem Inhalt, bzw. Wortlaut noch genauer ausgeführt in einem anderen Fall aus dem gleichen Jahre. Der Kläger gibt eidlich an, *quod ipse dederit fidem suam actrici, quod ipsam nunquam deserere vellet propter pulchriorem, ditiorem vel cariorem et quod illud idem actrix jurata deposuit.*

Noch eine Erweiterung des Treuversprechens zeigt endlich eine andere Urkunde desselben Jahres: Die Klägerin sagt eidlich aus, *quod ipse reus dederit fidem suam — quod ipsam actricem nunquam vellet dimittere propter pulchriorem, ditiorem vel cariorem et ei relle facere sicut quilibet probus maritus facit uxori sue legitime, et quod ipse actrix — fidem suam dedit dicens quod ipsi facere vellet sicut uxor legitima facit suo marito.*[1]

Die Übereinstimmung mit der Szene in unserem Gedicht ist eine geradezu spiegelnde. Auch hier folgt auf die allgemeine Erklärung des Ehekonsenses — ,verba legitima de praesenti‘ heißt es jetzt — noch ein besonderer Treuvertrag.[2] eine ausdrückliche Begründung, bzw. Anerkennung der Pflicht

---

[1] Ferdinand Frensdorff, Ein Urteilsbuch des geistlichen Gerichtes zu Augsburg aus dem 14. Jahrhundert, in Zeitschrift f. Kirchenrecht, Band 10, S. 9, 10.

[2] Über das Fehlen der Beringung vgl. unten S. 30, Anm. 1.

zur Beständigkeit in der ehelichen Gemeinschaft: ‚einander niemals um eines andern willen zu verlassen.‘ Das ist also die gewissermaßen authentische Interpretation für das ‚*servare fidem firmam et perpetuam*‘, das im Ruodlieb gefordert wird. Hier muß schließlich noch insbesondere hingewiesen werden auf den in dem Gedicht auftretenden Sprachgebrauch, betreffend die Ausdrücke ‚desponsare‘ und ‚iungere‘. Derselbe ist darum besonders beachtenswert, weil beide in der Terminologie des mittelalterlichen Eheschließungsrechtes als technische Bezeichnungen gewisser Akte eine wichtige Rolle spielen und die eigenartige Verwendung im Ruodlieb für die Geschichte derselben wie grundlegend erscheint. Wir werden Anlaß haben, darauf zurückzukommen und an dieselbe anzuknüpfen. Daß ‚desponsare‘ hier nicht in der alten Bedeutung des Muntvertrages gebraucht ist, liegt auf der Hand. Die beiden Ausdrücke erscheinen nun vor allem in engster begrifflicher Verbindung, gewissermaßen als Synonyma. Vgl. *hanc desponsari desidero ac mihi iungi* (38) und *desponsari — lege iugali* (62). Sie werden aber beide abwechselnd in doppelter Bedeutung gebraucht. Einmal, wie in der ersten Stelle, offenbar in dem allgemeinen Sinn der Verehelichung, ehelichen Verbindung; vgl. die völlig identische Wendung: *lege maritali consociari* (oben S. 14 und wieder S. 17,). Dann aber wiederholt in engerer spezieller Beziehung auf die der Konsenserklärung nachfolgenden Akte, insbesondere die Reichung und Abnahme des Ringes (oben S. 22, 23). Es ist nun klar, daß für diese Handlung, bzw. Handlungen selbst, der eine wie der andere Ausdruck dem eigentlichen Wortsinne nach nicht paßten. Es ergibt sich also mit Notwendigkeit der Schluß, daß dieselben auch in dieser engeren Bedeutung nur die Wirkung ausdrücken, welche durch jene die ganze Feierlichkeit abschließenden Vorgänge erzeugt, bzw. vollendet wurde: das endgültige Zustandekommen des ehelichen Verhältnisses, der Ehe in ihrem vollen Inhalt. Vgl. *His ita coniunctis.*

3.

Wir haben also schon in der Zeit um das Jahr 1000 den Ring bereits in dreifacher verschiedener Verwendung und

Funktion bei den Heiratsvorgängen kennen gelernt: als den
rein privaten Verlobungsring, den Brautring bei der
rechtsgeschäftlichen Verlobung und den Ehering, als rechtliches Element bei der Vermählung. Wir treffen ihn nun
noch in einer vierten Form, als Trauring, d. h. wir finden
auch eine Ringgabe bei dem Trauungsakt im alten
Sinn, der ‚traditio puellae‘ durch den Muntwalt an den
Bräutigam, und zwar in einem Zeugnis, das mehr als hundert Jahre jünger ist als das Gedicht Ruodlieb. Es ist die
bekannte schwäbische Formel aus dem 12. Jahrhundert,
welche das alte Muntgeschäft, zunächst den Verlobungsvertrag
und dann den rechtsförmlichen Vollzug desselben mit Hand
und Mund, den Trauungsakt in einer auch wieder einzig
dastehenden Genauigkeit und Vollständigkeit — wie folgt —
beschreibt:

Nu nimet der voget, ir geborn voget, diu wete unde die
frouwen unde ain swert unde ain guldin vingerlin unde
ainen phennich unde ain mantel unde ain huot ouf daz swert,
daz vingerlin an di helzen, unde antwurtet si dem man,
unde sprichet: ‚wa ich iu bevilhe mine muntadele zi-
weren triwon unde ze iweren gnaden, unde bitiuch durch
die triwe, als ich si iu bevilhe, daz ir ir rehte voget sit unde
ir genadich voget sit, unde daz ir nit palemunt ne werdent.‘
so emphahet er si, unde habe sime.[1]

An der Spitze der Trauungssymbole finden wir also
wieder das Schwert und den Ring, der an den Schwertgriff
gesteckt und mit diesem vom Muntwalt dem Bräutigam übergeben wird. Die äußere Übereinstimmung mit der besprochenen Symbolik im Ruodlieb ist augenfällig und überraschend,
aber die Unterschiede in der funktionellen Bedeutung
und rechtlichen Zweckbestimmung zwischen beiden
Akten sind nicht minder unverkennbar und sind überwiegend.

Vor allem besteht ein solcher, und zwar von ganz charak-
teristischer Natur schon in den Subjekten. Im Ruodlieb
sind es Mann und Frau, hier Muntwalt und Bräutigam.

---

[1] Müllenhoff-Scherer, Denkmäler deutscher Poesie und Prosa²,
N. XCIX, S. 239.

Ferner: Hier ist die Überreichung, dort die Ab- und
Annahme des Ringes das entscheidende Moment. Hier haben
wir einfach eine Ringgabe, dort kann man sagen, eine Beringung.

Endlich: Hier wird auch das Schwert übergeben und
mit demselben noch viele andere symbolische Gegenstände.
Alles zusammen erweist hier als Inhalt des Aktes die effektive
Übertragung der Munt in ihrem vollen Umfang über die
Person der Braut vom bisherigen Inhaber an den Bräutigam
als künftigen Ehemann. Dort ist dieser bereits im Besitz
des Schwertes, also Träger der Familiengewalt, und es ist
nur noch die einzelne, durch den Ring symbolisierte Bindung
zur Treue Gegenstand des Geschäftes.

Das übereinstimmende, gleichbleibende Moment ist
nun aber offensichtlich eben diese symbolische Bedeutung
des Ringes. Auch hier wie dort erscheint er als Sinnbild
einer Treuverbundenheit. Jedes Gewaltverhältnis war ja bekanntlich im altdeutschen Recht zugleich gegenseitiges Treu-,
resp. Schutz- und Treuverhältnis. Die Übergabe von Schwert
und Ring bedeutet also die Übertragung einerseits der Familiengewalt, der Rechte, andererseits auch der Treu- bzw. Schutz-
pflicht des Muntwaltes. Die Wirkung soll sein, daß sowohl
im Gewaltverhältnis zwischen dem geborenen Vogt und Mündel
wie im Treuverhältnis an die Stelle des ersteren nun der
Bräutigam treten soll. Wie das auch durch die mündliche
Formel ausgeführt wird: Der Vormund übergibt, befiehlt seinen
Mündel dem Bräutigam ‚zu Treu und Gnade‘, und wiederholt
dies noch durch die Bitte, er möge ihr gleichfalls ‚ein rechter
und gnädiger Schützer‘ sein.

Und diese Wirkung des Traditionsaktes tritt ohne weiteres
unmittelbar ein. Der Bräutigam ist von jetzt ab Träger des
Schwertes, Gewalthaber und Schutzherr. Aber die besondere
Treupflicht auf Seite der Frau ihm gegenüber konnte doch
nicht auch von selbst durch den Übergabsakt, also einfach
durch den Willen des Vormunds begründet werden. Dazu
bedurfte es einer eigenen Willenserklärung. Diese Wirkung
mußte eben ihrerseits noch besonders bei der Vermählung
nach dem Ehevertrag feierlich anerkannt, angenommen werden.

So greifen also beide Zeugnisse, die Darstellung im Ruodlieb und die vorliegende Formel aufs beste ineinander, sich gegenseitig ergänzend und beleuchtend.

Im Zusammenhalt ergeben sie nun aber auch eine direkte und, wie mir scheint, entscheidende Widerlegung des eigentlichen Kernpunktes in der herrschenden Auffassung der geschichtlichen Entwicklung der Eheschließung: daß nämlich die Trauung, der Vollzugsakt des Muntgeschäftes, grundsätzlich auch schon ehebegründende Kraft hatte, daß die Übergabe des Mädchens an den Bräutigam zur Ehe auch aus sich schon diese selbst mit hervorbrachte. Für die Entstehungszeit unserer Quellen ist die Unhaltbarkeit dieser Ansicht jedenfalls ganz evident. Der begriffliche Gegensatz, die zeitliche Trennung, die selbständige Bedeutung von Trauung und Vermählung wird hier handgreiflich offenbar sowie die innere Beziehung, der rechtlich logische Zusammenhang, wonach die erstere eben die Voraussetzung, die Grundlegung für die letztere bildet, durch welche erst der Zweck der Übertragung, die Eheschließung, verwirklicht wurde.

Als Beweis für das dargelegte Verhältnis der Beringung bei der Vermählung, wie wir sie zuerst im Ruodlieb finden, zur traditio, sowie für ihre eigentliche eheschließende Kraft, können nun wieder auch einige urkundliche Belege herangezogen und geltend gemacht werden, und zwar aus naheliegender Zeit und aus Italien. Zunächst folgende aus dem Toskanischen:

Urkunde vom Jahre 1065: *A. — adpreensit B. — mundualda sua per manu et dedit eam Petro —, sicut ei wadia data abebat de ea dandum: unde ipse Petrus per annulum eam subarravit et suam fecit.*

Urkunde vom Jahre 1071: *— Petrus — adpreemdit una filia et mundualda sua nomine Berta per manum dextera et sic dedit et trad(id)it eam leitime ad uxorem R. —, et tunc ipse R. eam recepit et cum annlo suo subarravit eam.*[1]

---

[1] Atti dell'Accademia reale di Napoli XXVII, 381, 382, bei Brandileone, L'intervento dello stato nella celebrazione del matrimonio, S. 267 ff.

Deutlich werden hier angegeben und unterschieden in der Aufeinanderfolge: der Muntvertrag, gesichert durch wadia, die tatsächliche Ausführung, Übergabe der Person, Trauung (traditio), und dann erst, nachdem also der Bräutigam die Munt über die Braut bereits erworben hat, die ‚subarrhatio²· per anulum (anulo)‘ mit der Wirkung des ‚suam facere‘.

In dem gleichen Sinne sind offenbar auch folgende Zeugnisse aus dem Cartularium Cupersanense auszulegen:

Vom Jahre 1110, zu Conversano: *declaro quia fuit placitum inter me et A., ut accipiat sivi uxore deleita filiam meam per anulum et morgincap. . . . Et statim ego guadiam tivi A. dedit.*

Vom Jahre 1128, zu Monopuli: *Ego P. conveniente me cum M. dedi et tradidi [l. dandi et tradendi] michi vera uxor per anulum filia sua . . . Ego P. guadia M. dedi.*

Vom Jahre 1209, zu Monopuli: *Ego P. declaro quia convenit me cum I., ut daret et traderet michi uxorem sororem suam et ego eam michi uxorem legitimam per anulum et morgincap sociarem.*[3]

Daß alle drei inhaltlich identisch sind, steht wohl außer Zweifel. Die Erklärung für die beiden ersteren ergibt dann aber ohne weiteres der ganz deutliche, vollständigere Wortlaut der letzten.

Diese schwäbische Formel ist nun zwar das einzige ausdrückliche Zeugnis über die Ringreichung bei der Trauung. Für unseren Zweck genügt es aber vollständig, zu sehen, daß dieser Rechtsbrauch überhaupt bestand. Auf die örtliche und zeitliche Verbreitung und Geltung kommt es gar nicht an, sondern nur auf das Wesen der Sache. Die Zuverlässigkeit in bezug auf das fragliche Detail kann aber sicher nicht

---

[1] Zu diesem jüngeren Fortgebrauch des Ausdruckes im Sinne der Verpflichtung der Ehefrau, bzw. des Ringaktes bei der Vermählung vgl. unten S. 30, 33.

[2] Zitiert bei Brandileone, Die Subarrhatio cum anulo, a. a. O., S. 331, Anm. 2.

[3] Siehe z. B. J. Grimm, R. A.⁴ 1, 231, 595 ff.

[4] Nur in gewissen Volksbräuchen hat sich noch ein Nachklang der alten Schwertsymbolik bei der Eheschließung erhalten. Vgl. Das. 1, 231, auch Schönwerth, Aus der Oberpfalz, 1, 86.

angezweifelt werden. Der Ring auf dem Schwert ist jedenfalls
keine bloße Erfindung. Ein die Tradition begleitender Formalakt, die sichtbare Darstellung der Muntübertragung durch
Schwert und Kleid ist übrigens an sich für die ältere Zeit
reichlich genug bezeugt,[4] verschwindet aber dann bald aus
den Quellen. Der Inhalt der Munt schwächte sich eben allmählich derart ab, daß das Schwert keinesfalls mehr als ein
passendes Symbol dafür erscheinen konnte.[5] Und so fiel dann
der ganze rechtsgeschäftliche Formalakt der Trauung weg,
es kommt die Zeit der ‚Heirat ohne Trauung‘.

4.

Damit stimmt nun auch die weitere Entwicklung des
Ringaktes bei der Vermählung. Auch hier kommt das
Schwert nicht mehr vor. Allerdings entfällt damit nicht einfach
der ganze Akt, es bleibt der Ring wie auch der Kuß. Aber
losgelöst vom Schwert und damit von jeder ideellen Beziehung
zur eheherrlichen Gewalt des Mannes, hat nun doch auch die
Ringgabe ihre alte rechtliche Bedeutung und Funktion allmählich
verloren, resp. verändert. Zwar erscheint der Ring immerfort
als das Symbol der ehelichen Treue. Die Beringung bleibt
das Zeichen, der Ausdruck für den Eintritt dieser Pflicht, und
sie behält zunächst sogar noch den Charakter als rechtlicher
Begründungsakt, als das entscheidende Rechtselement bei der
Eheschließung, nach welcher diese geradezu bezeichnet wird.

So in einem Bericht über die Vermählung Ottos IV. mit
Beatrix: proferens anulum suum eam coram omnibus
subarravit et in osculo recepit.[1]

Auch vier gleichlautende Trientiner Notariatsurkunden
vom Jahre 1236 können hiehergestellt werden: *Quibus ita
factis dicta N. interrogata, si volebat dictum N. in suum
legittimum virum, que respondit et dixit: Sic volo. Eodem modo
interrogatus dictus N., si volebat dictam N. in suam legittimam
uxorem, qui respondit et dixit: Sic volo. Et sic eam annulo
desponsavit et ipsam maritali affectu fuit obsculatus.*[2]

---

[1] Annales Lubec. 7, 17, Mon. Germ. Scr. 21, 7.

[2] H. Voltelini, Acta Tirolensia, II, 1 (Die Südtiroler Notariats-Imbre-
viaturen des 13. Jahrh.), S. 22, 27, 143, 145. Nr. 47, 60a, 306b, 313b.

Aber das hörte nun doch bald auf. Es kommt nämlich
dazu, daß der selbständige Treuakt als solcher überhaupt
verschwindet. Allerdings hat er sich an manchen Orten
noch lange erhalten, wie die bekannten Augsburger Urkunden
(s. oben S. 24) zeigen. Aber im allgemeinen, als Regel, dringt
die Auffassung durch, daß der gesamte Inhalt des ehelichen
Verhältnisses durch den Ehevertrag selbst und allein hervorgebracht werde: auch die Treupflicht der Gatten. So beruft
sich z. B. Gudrun gegen den Liebesantrag Hartmuts auf diese
ihre Pflicht Herwig gegenüber mit den Worten:

Dem bin ich berestent: ich lobete in z' einem man, er
nam mich ze wibe. (1770, vgl. auch 1043.)

Formell wurde dieser Umschwung sodann in der Weise
zum Ausdruck gebracht, daß das Treugelöbnis als letzter
Bestandteil in die Frageformel um das Jawort selbst
aufgenommen, die Anerkennung der Treupflicht also ausdrücklich als ein besonderes Element in den eigentlichen
Ehevertrag eingeschaltet wurde. Das sehen wir speziell
in kirchlichen, und zwar auswärtigen Zeugnissen. So z. B.
im Ritual von Rouen, c. 1300:

Der Priester zum Mann: *N. veus tu avoir N. à femme et*
épouse, et la gardet saine et enferme et lui faire loyale partie
de ton corps et de tes biens, ne pour pire ne pour meilleure
tu ne la changeras tout le tems de sa vie.

Antwort des Mannes: *Volo* aut *Ouyl.* Ebenso bei der Frau.[1]

Noch deutlicher spricht eine ältere englische Quelle, das
Manual von Salisbury aus dem 11. Jahrhundert: *vis habere hanc*
mulierem in sponsam et eam diligere, honorare, tenere et custo-
dire sanam et infirmam sicut sponsus debet sponsam et omnes
alias propter eam dimittere et illi soli adherere quamdiu
rita utriusque restrum duraverit?

Antwort: *Volo.* Entsprechend wieder bei der Frau.[2]

Im wesentlichen dieselbe Formulierung, bzw. Gliederung
ist dann bekanntlich auch in Deutschland in Übung gekommen
und bis heute geblieben, nur daß wohl der Inhalt des Eheve-
trages in drei selbständige Fragen und Antworten zerlegt wird.

---

[1] Martene, a. a. O., 627.

[2] Zitiert bei Opet, S. 100.

Was nun die Beringung betrifft, so blieb die nähere spezielle Beziehung derselben zur Treupflicht naturgemäß schon im Wesen der Sache und durch die traditionelle symbolische Auffassung immer lebendig und auch dadurch ersichtlich, daß dieselbe unmittelbar an die Bejahung der auf die Bewahrung der Treue gerichteten Konsensfrage sich anschloß. Aber sie war nun doch nicht mehr speziell mit der Treuerklärung zu einem einheitlichen selbständigen Akt verbunden. Sie erscheint nicht mehr als Begleitform eines besonderen Treuvertrages, sondern des allgemeinen Ehevertrages, schlechthin als Zeichen, Beweiszeichen des Ehebundes.[1] So auch wieder in der Gudrun. Herwig zeigt seinen Ring:

— — *Nu seht an mine hant*
ob ir daz golt erkennet, — —
dâ mite ich wart gemahelet Kûdrûn ze minnen (1247).

Diese Entwicklung nun, welche die Beringung in unmittelbare Parallele zur Konsenserklärung stellte, mußte naturgemäß dazu führen, daß sie wie diese auch beiderseitig wurde, daß sich der Wechsel des Jawortes auch im Ringwechsel widerspiegelte. Diese Tendenz zum Gegenseitigwerden war ja von Haus aus im Keime vorhanden, wie wir bereits im Ruodlieb gesehen haben, und mit der fortschreitenden Anerkennung des Gleichgewichtes der Gatten in der Ehe mußte

---

[1] Diese naturgemäße Funktion des Eheringes als Beweiszeichen konnte unter Umständen von entscheidender rechtlicher Bedeutung werden. Das können wir z. B. durch ein argumentum e contrario entnehmen aus den oben S. 24 erwähnten Eheprozessen vor dem geistlichen Gericht in Augsburg. Die Klage geht immer auf Anerkennung eines ehelichen Verhältnisses, das vom anderen Teil bestritten wird. Und zwar ergibt sich als Grundlage der Bestreitung der Mangel der Öffentlichkeit; es zeigt sich, daß eben die Eingehung der Ehe ,per verba legitima de praesenti' weder in der weltlichen Form im Ring noch in der Kirche stattgefunden. Die Beweisführung und Entscheidung stützt sich immer nur auf die Aussagen einzelner dabei beteiligter — z. B. als Abfrager, — bzw. sonst anwesender Personen und die Erklärungen, Geständnis oder Widerspruch der Gegenpartei. Auch von einem Ringwechsel ist nirgends die Rede. Hätte ein solcher stattgefunden, so hätte derselbe unzweifelhaft als schlagendster Beweis für den Bestand der Ehe geltend gemacht werden können. Der Ehering schloß die Ableugnung aus, behob sozusagen den klandestinen Charakter der Ehe.

sich natürlich auch der Ausdruck dafür im Ringwechsel durchsetzen. Tatsächlich ist in Deutschland ungefähr seit dem 13. Jahrhundert die Beringung bei der Vermählung aus einer Ringgabe an die Frau zur gegenseitigen Beringung geworden. Wir finden es bekanntlich so bereits in der Gudrun sowie regelmäßig auch in den anderen Erzeugnissen der poetischen Literatur des 13. Jahrhunderts. Und selbst wenn gelegentlich nur eine einseitige Beringung der Frau durch den Mann erwähnt wird, ergibt sich mitunter offensichtlich, daß trotzdem in Wirklichkeit ein Ringwechsel stattfand. So in der Gudrun bei der Vermählung Ortwins mit Ortrud im Vergleich mit derjenigen Hartmanns und Hildens: *sîn guldin vingerlin gab er der küniginne in ir vil wizen hende* (1649) und: *ir ietweder dem andern daz golt stiez an die hant* (1650).

Besonders schlagend erscheint auch ein Parallelbericht zur Vermählung Ottos IV. mit Beatrix 1209 (vgl. oben S. 30): *a quo amantissime amplexata publici signo osculi mutationeque anulorum subarratur.*[1]

Noch einen letzten Schritt in der Geschichte des Ringes haben wir zu konstatieren, der das durchgehende Wesen der Ringgabe in allen Formen bei der Eheschließung noch einmal ins hellste Licht stellt. Neben der Beringung bei der Begründung des rechtlichen Verhältnisses der Ehe finden wir nun im 13. Jahrhundert vielfach eine solche als Zeichen der Bindung zur Treue, der festen Zueinandergehörigkeit auch in Liebesverhältnissen außer und neben der Ehe ‚bei sonst eingegangenem Liebesbund oder trauterem Verhältnis‘,[2] sei es als Ringwechsel oder auch einseitig, und zwar im Gegensatz zum alten Brauch bei der Eheschließung nicht als Beringung der Frau, sondern umgekehrt als Gabe der Frau an den Mann. Naturgemäß mußte bei solchen freien Liebesverhältnissen insbesondere der Frau daran liegen, den Mann fest und dauernd an sich zu fesseln. Das klassische Beispiel dafür ist die Stelle im Tristan des Gottfried von Straßburg, wo die beiden, Tristan und Isolde, Abschied nehmen fürs Leben und zugleich fürs ganze Leben einander Treue geloben

---

[1] Cont. Sanblas. des Otto von Freising c. 53. Mon. Germ. Scr. 20, 333.

[2] J. Grimm, Rechtsaltertümer⁴, 1, 245.

wie in einem Ehebund — mit Ring und Kuß: v. 18.311ff.
Isolde zu Tristan:

— *nemet hin diz ringerlîn:*
daz lât ein urkünde sin
der triuwen unde der minne,
op ir deheine sinne
iemèr dar zuo gewinnet,
daz ir ân' mich iht minnet. — —
und enlât iu niemen nâher gân,
dan Isold' iuwer friundin.
durch niemen sô vergezzet mîn:
wir zwei wir haben liep unde leit
mit solher gesellekeit
her unz an dise stunde brâht;
wir suln die selben andâht
billichen leiten ûf den tôt. —
nu gât her unde küsset mich usw.[1] (s. oben S. 21).

III.

An diesem Punkte wollen wir innehalten und uns be-
sinnen auf die Frage, welche den Ausgangspunkt und deren
Beantwortung das Ziel unserer ganzen Untersuchung über
die Geschichte des Ringes bei der Eheschließung bildet: ob
der Satz, daß die Beringung aus einer Draufgabe des Mannes
an die Frau zum Ringwechsel geworden, in den Quellen seine
Begründung findet, und ob darin ein Analogiebeweis für die
Annahme einer entsprechenden Entwicklung der alten einseitigen traditio puellae durch den Muntwalt über die Selbsttrauung der Braut zur gegenseitigen Trauung erblickt werden.
und das spätere Zusammengeben eben in diesem Sinne als
gegenseitige Trauung aufgefaßt werden kann.

Ich glaube nun, daß wenigstens folgende Ergebnisse
doch schon als feststehend gelten dürfen: Einmal, daß die
Deutung, resp. Anwendung des Ringes als Angeld, überhaupt als Vor- oder Scheinleistung, wenn sie je gegeben
war, auf keinen Fall als Grundlage für eine weitere

---

[1] A. a. O., S. 264.

Entwicklung, insbesondere der Entwicklung des Ringwechsels, angesehen werden darf. Ferner, daß überhaupt der Analogiebeweis aus der Entwicklung der einseitigen Ringgabe zur Gegenseitigkeit für eine entsprechende Entwicklung der Trauung vollständig versagt. Es besteht vielmehr geradezu ein direkter und für die Entwicklung maßgebender Gegensatz in der Idee, welche der Beringung und jener, welche der Trauung innewohnt. Die Ringgabe bedeutet grundsätzlich Bindung zur Treue, die Trauung Übergabe in die Gewalt. Die Gewalt in der Ehe kann nur auf einer Seite sein, auf Seite des Mannes, die Treupflicht besteht grundsätzlich für beide Teile. Der Mann kann unmöglich der Frau getraut werden — im alten Sinne des Wortes — aber er kann von ihr beringt werden, auch er allein. In dieser eben besprochenen einseitigen Beringung des Mannes durch die Frau offenbart sich am handgreiflichsten der jeden Vergleich ausschließende Gegensatz zur Trauung. Daß eine solche Umstellung der Subjekte bei dieser undenkbar erschien, solange nur ein blasser Schein von der ursprünglichen Bedeutung des Aktes noch lebendig war, wird man wohl zugeben müssen.

Soviel dürfte also feststehen: Mit dem Hinweis auf die Geschichte des Ringes kann die herrschende Lehre über die Selbst-, bzw. gegenseitige Trauung sowie die entsprechende Auffassung des Zusammengebens bei der späteren kirchlichen Eheschließung nicht verteidigt und kann das, was ich seinerzeit dagegen vorgebracht habe, nicht entkräftet werden. Ich habe nun diese Fragen damals selbst immerhin noch als offene bezeichnet, und meine Ausführungen dazu nur als Anregungen vorgelegt. Ich möchte nun aber doch noch den Versuch unternehmen, dieselben, in allerdings nur kurzer und skizzenhafter Beweisführung, weiter zu klären und die Begründung für meine Ansichten so zu erweitern und zu verstärken, daß sie, wie ich hoffe, doch durchschlagende Kraft gewinnt.

Was zunächst die vermeintliche Selbsttrauung, bzw. gegenseitige Trauung der Brautleute betrifft, so läßt sich, wie ich meine, geradezu behaupten, daß dabei einfach ein durchgehendes, reines Mißverständnis vorliegt. Es fehlt dafür absolut jede quellenmäßige Beglaubigung.

Was man zunächst als solche Erscheinung deuten konnte,
z. B. im Ruodlieb, Nibelungenlied, Gudrun,[1] ist, wie wir wissen,
jene bereits ‚uralte‘, gegenseitige Erklärung des Eheschließungswillens, der Ehevertrag der Brautleute. Dazu tritt dann
das ‚Zusammengeben‘, das insbesondere in jenem Sinn aufgefaßt worden ist. Daß damit der rechtliche Charakter desselben
vollends verkannt wurde, soll gleich im folgenden ausführlich
gezeigt werden. Man kann aber wohl ruhig sagen, wäre jener
alte Konsensakt in seinem Wesen richtig erkannt worden, so
würde man sicher nie auf die Vorstellung der gegenseitigen
Trauung verfallen sein. Dieser ganze Begriff nach der herrschenden Auffassung, als eine mit der alten traditio puellae ent-
wicklungsgeschichtlich zusammenhängende wesensgleiche Dop-
pelung des Aktes, erweist sich einfach als eine Illusion, als ein
Phantom, das aus der Geschichte des deutschen Eheschließungsrechtes schlechthin zu streichen ist. Mitsamt
der zur Konstruktion gehörigen Figur des gekorenen Vor-
mundes, der von Haus aus auch nichts anderes ist als der
sicherlich ebenfalls uralte Abfrager des Jawortes zur Ehe. Ihn
hat auch Opet schon mit guten Gründen als eine legendäre
Gestalt erklärt,[2] und bei dem unlöslichen Zusammenhang
desselben mit dem Begriff der gegenseitigen Trauung stehen
und fallen eben beide miteinander.

Ebenso hinfällig erweist sich weiter auch schon die
korrelative Konstruktion der Selbstverlobung der
Braut, resp. der Brautleute im Sinne eines nicht bloß akzes-
sorischen,[3] sondern des eigentlichen konstitutiven Hauptver-
trages, unter bloßer Zustimmung des Muntwaltes, eventuell
auch ganz ohne Mitwirkung desselben. Die Annahme dieser
Entwicklung, von Sohm,[4] ohne jede Quellenbelege hingestellt,

---

[1] Vgl. Friedberg, Eheschließung, S. 28.

[2] A. a. O., S. 30. Er verweist darauf, daß Sohms Behauptung von der
Ersetzung des geborenen durch einen gekorenen Vormund nicht durch
ein einziges Beispiel aus den mittelalterlichen Quellen belegt, bzw.
belegbar ist, während doch zweifellos der eine oder der andere Fall
auch bezeugt sein müßte, ‚wenn der gekorene Trauvormund dem
Gebiet der Wirklichkeit überhaupt angehört hat‘.

[3] Siehe oben S. 8.

[4] Eheschließung, S. 52.

hat trotzdem einmütige Aufnahme gefunden.[1] Aber wo immer man in den älteren Quellen noch eine solche selbständige Verlobung zu finden glaubte, ist es wieder regelmäßig schon die Vermählung durch Konsenserklärung.[2]

Dasselbe Mißverständnis ist dann in gleicher Weise zu berichtigen bezüglich des Ausdruckes ‚gemahel (mahel), vingerlin‘, ‚gemahel (mahel) schatz‘.[3] Es ist immer der Ehering, nicht ein vermeintlicher Verlobungsring.

Der normale Grundtyp der eigentlichen Verlobung blieb jederzeit der alte, ein Vertrag zwischen Muntwalt und Bräutigam auf Geben und Nehmen zur Ehe mit Zustimmung der Braut.[4] Eine Modifikation ergab sich der Natur der Sache gemäß bei der Verlobung von Witwen, aber die Ausnahmen bestätigen hier wirklich nur die Regel. Das zeigt eine Gegenüberstellung der beiden Verlobungen Kriemhilds im Nibelungenlied.[5] Bei diesem Sachverhalt in betreff der Verlobung steht aber das Gebilde der gegenseitigen Trauung ohnehin so gut wie in der Luft.

IV.

Es bleibt also noch als Hauptgegenstand das Problem, das den unmittelbaren Streitanlaß und Streitgegenstand bildet, die Beurteilung des ‚Zusammengebens‘ bei der späteren kirchlichen Eheschließung, der Kopulation, insbesondere im Verhältnis zur altdeutschen Trauung.

Die Frage wäre in letzterer Beziehung ja bereits rein negativ entschieden, wenn wir daran festhalten wollen, daß es eine gegenseitige Trauung nie gegeben hat und daß die einseitige schon früh, ungefähr um die Wende des 12. und 13. Jahrhunderts, als rechtlicher Formalakt außer Gebrauch gekommen ist. Aber gegen diese letztere Voraussetzung ist bekanntlich

---

[1] Vgl. Hübner, Deutsches Privatrecht⁵, S. 634, Brunner- v. Schwerin, Grundzüge⁸, S. 220.

[2] Vgl. z. B. Herbert Meyer, a. a. O., 212 Anm. 4, 215 Anm. 3, 218, 219.

[3] Grimm, R. A.⁴, 1, 245, 597, 598. Vgl. unten S. 59, Anm. 1.

[4] Siehe z. B. Nibelungenlied, Str. 333 ff., 607 ff., 1678 ff. Dazu meine ‚Eheschließung‘, S. 41, 42, 48, 49; ferner unten S. 55—57 und oben S. 11.

[5] Siehe meine ‚Eheschließung‘, S. 26.

von K. A. Eckhardt seinerzeit direkter Widerspruch eingelegt
worden, und meine Widerlegung, die sich in der Richtung der
ersteren bewegte, war in der Tat nicht eindringend genug und
hat eben die eingangs erwähnte Zurückweisung von Seite
Stutz' erfahren. Vielleicht dürfte man nach allem, was zu
dieser früheren Begründung in den vorstehenden Untersuchungen hinzugekommen ist, doch schon eher geneigt sein, jene
beiden Thesen günstiger zu beurteilen. Ich will aber trotzdem
vorläufig einmal beide noch dahingestellt sein lassen und ganz
voraussetzungslos und unvoreingenommen an das Problem
herantreten, wobei ich natürlich zum Teil auf die früheren
Ausführungen zurückgreifen muß, mit dem Bestreben, die
einzelnen Argumente schärfer zu formulieren und besser zu
fundieren.   .

Dabei ist insbesondere vielfach Bezug zu nehmen auf
Opets Arbeit ,Brauttradition und Konsensgespräch', deren
erster Teil eben diesen Gegenstand behandelt.

1.

Was also anscheinend der Behauptung vom Untergang
des alten Trauungsaktes entgegensteht und von Eckhardt
hauptsächlich dafür geltend gemacht wurde, daß derselbe
,fortbestand und wesentlich geblieben' sei, ist die Tatsache,
daß der Ausdruck ,Trauung' auch später noch vorkommt und
bekanntlich bis auf den heutigen Tag sich erhalten hat, als
Bezeichnung für die kirchliche Eheschließung und speziell für
den dabei charakteristisch hervortretenden Akt, welcher darin
besteht, daß der Priester nach Entgegennahme des Jawortes
der Brautleute die beiden als Eheleute ,zusammengibt', indem
er ihre Hände ineinanderlegt, mit der Stola umschlingt, ver-
bindet, worauf die alte Einsegnung des Ehebundes folgt. Es
liegt ja nun immerhin nahe, dies als Beweis dafür zu nehmen,
daß eben jener Akt, der in alter Zeit als Trauung bezeichnet
wurde, sich in diesem Zusammenhang in der Form der Gegenseitigkeit erhalten hat. In der Tat nimmt Eckhardt[1] eine
solche Entwicklung, und zwar in drei Stufen an: Trauung

---

[1] A. a. O., S. 194, Anm. 2.

durch den Muntwalt, durch den gekorenen Vormund und Priestertrauung.

Aber gegen diesen Schluß vom Namen auf die Sache, gegen diese Identifizierung von Trauung im alten Sinn und Zusammengeben richten sich eine Reihe von Erwägungen und Zeugnissen, welche, wie mir scheint, einerseits denselben absolut ausschließen, andererseits den wahren Sachverhalt völlig klarstellen.

Vor allem fehlt schon eine für jenen Schluß unentbehrliche Voraussetzung, die Kontinuität des Sprachgebrauches in bezug auf den Ausdruck ‚Trauung‘. Es ist keineswegs so, daß derselbe als Bezeichnung unmittelbar vom alten weltlichen auf den neuen kirchlichen Akt übergegangen wäre. Der letztere ist bereits seit dem Ausgang des 12. Jahrhunderts nachweisbar, aber er wird von Anfang an und während des ganzen Mittelalters niemals ‚Trauung‘ genannt. Dieses Wort verschwindet vielmehr überhaupt, soviel ich sehe, nach dem Sachsenspiegel fast vollständig aus der deutschen Rechtssprache.

Der Deutschenspiegel, bzw. die oberdeutsche Übersetzung, welche die Grundlage für die süddeutschen Spiegel bildet, macht entschieden den Eindruck, daß der Verfasser den Text der Vorlage nicht mehr einfach gelten lassen wollte oder überhaupt nicht mehr recht verstand. An Stelle des ‚tohant als sie ime getruwet wirt‘ (Ssp. Ldr. III, 45, 3) schreibt er: ‚Ze hant als sie ime gemaehelt und getriwet ist‘ (Dsp. 135). Das eingeschaltete ‚gemaehelt‘ bedeutet natürlich die Konsenserklärung,[1] die im Sachsenspiegel überhaupt nirgends ausdrücklich erwähnt wird, worauf es wohl auch zurückzuführen ist, daß diesem Akt von der Forschung bis in die neueste Zeit keine Beachtung geschenkt wurde. Bei dem ‚getriwet‘ sodann liegt es aber unmittelbar nahe, an den Treuakt zu denken, der altherkömmlicherweise auf die Konsenserklärung folgte, die selbständige Begründung der Pflicht zur ehelichen Treue, welche Wirkung mitunter auch speziell mit dem Zusammengeben verknüpft erscheint.[2]

---

[1] Vgl. Eckhardt, a. a. O., S. 184.
[2] Siehe unten S. 53, 54 und 59.

Im Schwabenspiegel findet sich in anderem Zusammenhang bei Wackernagel, Ldr. § 345, bereits der Ausdruck
‚zueinandergeben‘ für verheiraten.

Und ist daz man zwey kint einander lobet, die bêde siben
jâr alt sint, und mitt ir bêder willen geschicht, und stirbt das
ein und das sie dennoch nie enander beruorten mitt mund noch
mitt hand, das lebend kint mag des tôten geschwisterde niemer
genemen zer ê. Und gît man si daruber zenandren, man muos
si scheiden.

Die Stelle zeigt nächste Verwandtschaft mit einer Besprechung des gleichen Ehehindernisses und desselben Falles in
einer Predigt des Berthold von Regensburg: Gît man zwei
kint zesamene, di siben jâr alt sint mit ir beider willen —
man muos si scheiden.[1]

Die Bezeichnung ‚Trauung‘ für die kirchliche Eheschließung kommt erst wieder auf zu einer Zeit, wo der Rechts-
gedanke, der früher damit ausgedrückt war, dem Bewußtsein
längst entschwunden war. Die Annahme eines Bedeutungs-
wechsels drängt sich somit von vornherein auf, und ein
Bedenken dagegen besteht jedenfalls nicht. Es lassen sich
vielmehr verschiedene schlagende Parallelen eines solchen
gerade in der Terminologie des Eheschließungsrechtes nach-
weisen: daß ein Ausdruck als technische Bezeichnung im
Laufe der Zeit eine ganz veränderte Bedeutung erlangt oder
auch gleichzeitig in ganz verschiedenem Sinne gebraucht wird.

Eine solche ganz analoge Umdeutung finden wir vor
allem insbesondere auch bei dem Namen des Vertragsaktes des
alten Muntgeschäftes: ‚desponsatio‘. Wir haben schon im
Ruodlieb den Ansatz zu einem neuen Sprachgebrauch für dieses
Wort getroffen, und seit dem 13. Jahrhundert wird es ausschließlich verwendet für den Akt der Vermählung, die Eheschließung durch Konsenserklärung.[2]

Dieselbe Erscheinung, bzw. ein doppelter Sprachgebrauch,
zeigt sich dann auch bei dem korrespondierenden deutschen
Ausdruck ‚loben‘. Nach seiner allgemeinen Bedeutung: gut-

---

[1] B. v. Regensburg, Predigten. Ausg. v. F. Pfeiffer, 1, 313.
[2] Vgl. meine ‚Eheschließung‘, S. 40. Herbert Meyer, a. a. O., S. 218,
220, Anm. 1.

heißen, zustimmend anerkennen, annehmen wird er einerseits
verwendet für die Anerkennung der Verpflichtung aus dem
Muntvertrag zum künftigen Geben und Nehmen zur Ehe,
der darnach benannt wird als ‚Verlobung‘. Andererseits treffen
wir ihn ebenso bei der Vermählung für die Erklärung, womit die
Brautleute einander als Ehegatten anerkennen und annehmen.[1]

Desgleichen kommt der Ausdruck ‚gemahelen‘ in beiden
Bedeutungen vor, als Bezeichnung der Vermählung und der
Verlobung.[2]

Der Vermutung eines neuen Sprachgebrauches bei
der Wiederaufnahme des Ausdruckes ‚Trauung‘ steht
aber nicht bloß unzweifelhaft nichts im Wege, sie wird vielmehr sogar direkt erwiesen und aufgeklärt durch die Ausdrücke, welche für den so bezeichneten Akt vorher und noch
nebenher verwendet wurden. Die regelmäßige Bezeichnung
war von Haus aus lateinisch ‚conjungere‘, ‚copulare‘,
deutsch ‚zusammengeben‘, ‚-sprechen‘. Wir kennen auch das
‚conjungere‘ schon aus dem Ruodlieb, wo es ganz unzweideutig
die Wirkung des gesamten Vermählungsgeschäftes, die Begründung des ehelichen Gattenverhältnisses, insbesondere im
Sinne des Treuverhältnisses zum Ausdrucke bringt. Auch
für unseren fraglichen Akt erweisen jene Bezeichnungen als
Wesen der Sache eine Verbindung, Vereinigung, also die
Herstellung eines Genossenschafts-, Zueinandergehörig-
keitsverhältnisses[3] der Gatten, das ‚consociari lege maritali‘.
Vgl. z. B. in dem Gedichte Flore und Blanscheflur:

> *er nam Blanscheflûr bi der hant,*
> *und ouch Flôren alsam;*
> *er sprach zuo in beiden:*
> *nû lebent ungescheiden*
> *hinnen für iemer mê,*
> *ich gibe iu dise frouwen zê*
> *und iu, frouwe, in ze man.*[4] (v. 7484—7491.)

---

[1] Vgl. meine ‚Eheschließung‘, S. 56, 57. Gudrun 1665, 1666.

[2] Vgl. ebendas. S. 61 und ‚Heirat ohne Trauung‘, S. 351 Anm.

[3] Vgl. oben, Schwabenspiegel.

[4] Bibliothek der gesamten deutschen Literatur von der ältesten bis auf
die neuere Zeit, 12. Bd., herausgegeben von Emil Sommer, S. 245.

Nun ist wohl einfach selbstverständlich, daß bei der
Wiedereinführung des Ausdruckes Trauung neben und anstatt
der bisher üblichen alleinigen Bezeichnungen das Wort genau
in demselben Sinne genommen wurde wie diese und
nicht in einer Bedeutung, in der es seit Jahrhunderten nicht
mehr gebraucht worden war. Diese Wiederaufnahme und
Verwendung des Ausdruckes Trauung im neuen Sinne läßt
sich aber immerhin in folgender Weise erklären. Einerseits
mochte sich das Wort in bezug auf Reste des alten Trauungs-
geschäftes oder in Erinnerung an dasselbe in der Volkssprache
ja immer forterhalten haben,[1] andererseits lag es, sobald einmal
der alte Sinn des Wortes völlig verblaßt war, jedenfalls nahe
genug, dasselbe auch auf das Zusammengeben anzuwenden,
da dieses sowohl der Erscheinung nach ebenfalls ein
Geben war wie die alte Trauung als auch zeitlich gerade
nach dem Verschwinden derselben aufkam, also äußerlich,
geschichtlich in der Tat an ihre Stelle getreten war.

Übrigens ist zu konstatieren, daß der Ausdruck Trauung
(trauen) nunmehr in der Regel, wie es auch heute noch der
Fall ist, nicht sowohl speziell auf diesen Akt des Zusammengebens, der Kopulation bezogen wird, der vielmehr noch immer auch so genannt wird, sondern als Gesamt-
bezeichnung für den ganzen Eheschließungsvorgang,
die kirchliche Feier überhaupt erscheint. So sind auch im
‚Traubüchlein‘ Luthers[2] unter dem ‚trauen‘ zunächst die
Konsensabfragung, dann der Ringwechsel und das ‚Zusammen-
sprechen‘ begriffen, nacheinander aufgeführt, und es ist wohl
zu vermuten, daß die Formel auf die Einbürgerung dieses
Sprachgebrauches nicht ohne Einfluß geblieben ist. Für die
Entstehung desselben dürfte aber doch vielleicht auch in Betracht zu ziehen sein, daß jene nach dem Wegfall des selb-
ständigen Trauungsaktes vereinzelt im Volke unter diesem
Namen fortlebenden Reste und Spuren desselben eben als
Hochzeitsbräuche mit der Vermählung verbunden wurden[3]

---

[1] Vgl. Lexer, Mittelhochdeutsches Wörterbuch zu ‚trauen‘ 2, 1553.

[2] Gedruckt z. B. bei Sohm, Eheschließung, S. 170.

[3] Vgl. meine Eheschließung, S. 68; Ficker, Mitteilungen d. Institutes
f. ö. Geschichtsf. 4, 10.

und so zur Benennung derselben in ihrer Gänze führen
konnten.

2.

Das Ergebnis von der sprachlichen Seite her stimmt
nun aber restlos zusammen mit den sachlichen Erwägungen,
welche ich seinerzeit vorgebracht und eingangs dieser Untersuchung wiederholt habe. Sie gipfeln in den zwei Feststel-
lungen: Einen anderen Sinn als die alte muß diese neue
Trauung als Zusammengeben auf alle Fälle gehabt haben
und: Das Zusammengeben steht äußerlich und inhaltlich
nicht in der entferntesten Beziehung zur Verlobung, der Ehe-
beredung, sondern im engsten Zusammenhang mit der Vermählung, der Eheschließung. Es geht nicht wie die alte Trauung
dieser voraus, sondern folgt der Konsenserklärung nach,
sichtlich auf Grundlage und als Ausführung derselben,
als Konstatierung des geschlossenen Ehebundes.

Allerdings macht die Sprache der ältesten Zeugnisse
den Eindruck, daß der Akt zunächst auch nur einseitig vorgenommen wurde, nur ein Geben der Braut an den Bräutigam
enthielt.[1] Man wird aber einmal bei diesem Schluß überhaupt
sehr vorsichtig sein müssen, denn wir finden einerseits eine
solche Ausdrucksweise auch noch zu einer Zeit, wo die Gegenseitigkeit längst feststand.[2] Und wir werden uns andererseits
erinnern, daß auch bei der Beringung oft nur eine einseitige
Gabe an die Frau erwähnt wird, wo doch nachweislich ein
Ringwechsel stattfand.[3]

Aber sei es, daß wir wirklich von solcher Einseitigkeit
des Aktes auszugehen haben, so würde das eben auch nur
so wie bei der Beringung der älteren Auffassung von dem
Übergewicht des Mannes in der Ehe entsprechen. Der Sinn
der Handlung dürfte aber deswegen in keiner Weise anders
gedeutet und etwa mit der alten Trauung in Parallele gebracht
werden. Deshalb ist auch die von Opet gebrauchte Bezeichnung ‚Brauttradition' für die ganze Sache verfehlt und irre-

---

[1] Vgl. Opet, a. a. O., S. 16, 17.

[2] Vgl. die bei Opet, S. 17 zitierte Mainzer Agende aus dem 15. Jahrhundert.

[3] Siehe oben S. 33.

führend. Es bleibt auch für die betreffenden Zeugnisse die
oben entwickelte rechtliche Natur des Aktes ganz unverhüllt
erkennbar. Das Geben der Braut an den Bräutigam ist nach
Zweck und Inhalt ebenfalls ein ‚conjungere‘, nicht ein
Übergeben in die Gewalt zur Unterordnung, sondern ein
Zusammengeben, eine Vereinigung zur Genossenschaft.
Die Wirkung ist nicht eine einseitige, bzw. ungleiche,
sondern eine gegenseitige und gleichartige, und zwar
in logischer Verbindung mit der Konsenserklärung. Das alles
kommt deutlich zum Ausdruck in dem Ritual von Rouen aus
dem 13. Jahrhundert. Der Priester hat zunächst das Fehlen
von Ehehindernissen festzustellen. Darauf *det eam marito*.
Dabei erfolgt zunächst ‚verbis Gallicis‘ die Abfragung und
Entgegennahme der Erklärung des Jawortes zur Ehe seitens
der Brautleute.

Tunc sacerdos det eam viro dicens verbis latinis: Et ego
coniungo vos in nomine Patris et filii et Spiritus sancti. Amen.[1]

Auch deutsche Zeugnisse erweisen die begriffliche Bedeutung des ‚Gebens‘ als ‚Zusammengeben‘ durch den Wechsel
der Ausdrücke, so in Hartmann von Aue, Erek:

> *Nû was komen der tac*
> *daz Erec fil de roi Lac*
> *solde nemen frowen Eniten.*
> *zesamene gap sî dô*
> *eines bischoves hant.* (v. 2117 ff.)

und dazu später in bezug auf Oringles und Enite:

> *daz si die gotes ê begânt,*
> *daz sî im wurde gegeben. — —*
> *Bischove unde abte kômen dar*
> *und diu phaffheit vil gar. — —*
> *si wart im sunder ir dank gegeben,*
> *ez'n half ir niht ir widerstreben:*
> *er wolde si ze wibe han.* (v. 6335 ff.)[2]

(Also das Gegenteil von ‚gekorener‘ Trauvormundschaft!)

---

[1] Martene, De antiquis ecclesie ritibus (1700), I, 2, 627.
[2] Bibliothek deutscher Klassiker des Mittelalters, 4. Bd., herausgegeben
von Fedor Bech, S. 73, 207 ff.

oder auch: Konrad von Würzburg, Der hl. Alexius:

> *si wart im als sin êlich wîp*
> *gemahelt in dem tempel. — —*
> *vil werder priester, wizze Christ,*
> *ze samene gâben si des tages.*[1]

Jedenfalls steht aber fest, daß das Zusammengeben sehr bald tatsächlich ein gegenseitiges, des Mannes mit der Frau und der Frau mit dem Manne geworden ist. Siehe schon die Stelle aus Flore und Blanscheflur, oben S. 41. Daß dies in Deutschland um die Mitte des 13. Jahrhunderts bereits der normale Vorgang war, bezeugt dann vor allem die ausführliche Beschreibung des ganzen Aktes im bekannten Gedicht Meier Helmbrecht. Die Vermählung wird beschlossen:

> *Wir suln Gotelinde*
> *geben Lemberslinde*
> *und sulen Lemberslinde*
> *geben Gotelinde.*

Das geschieht so: Ein ,alter Grise' stellt sie beide in einen Ring und nimmt dort die dreimal wiederholte Abfragung des Jawortes vor; zuerst vom Mann:

> *,Welt ir Gotelinde*
> *êlichen nemen, so sprechet Ja.'*

Die dritte Bejahung lautet:

> *,So mir sêle unde lip,*
> *ich nim gerne ditze wip.'*

Darauf von der Frau:

> *,Welt ir Lemberslinde*
> *gerne nemen zeinem man?'*

Und auf das dritte: ,Welt irn?' spricht sie:

> *,Gerne, herre, nû gebt mirn!'*
> *Dô gáp er Gotelinde*
> *ze wîbe Lemberslinde*

---

[1] Herausgegeben von Massmann, Zeitschrift für deutsche Altertümer, 3, 534 ff.

und gâp Lemberslinde
ze manne Gotelinde.[1]

Die Szene ist in zweifacher Richtung überaus instruktiv,
und obwohl schon vielfach beachtet und verwertet, doch nicht
völlig ausgeschöpft. Sie zeigt erstens ganz schlagend den
inneren Zusammenhang zwischen dem Zusammengeben und der Konsenserklärung. Es ist ein direkt
kausales Verhältnis, das da offen zutage tritt: ‚Ich nehme
sie, ihn gern, also gebt sie, ihn mir!‘ Das Geben, Zusammengeben erscheint einfach als die Verwirklichung, Erfüllung des
Eheschließungswillens der Brautleute, als der Akt, durch
welchen der Zweck der Konsenserklärung herbeigeführt wird.

Und zweitens zeigt sich ebenso deutlich, daß das Geben
der Braut an den Bräutigam und des Bräutigams an die
Braut ganz äquivalenten rechtlichen Effekt haben sollen.
Gerade der Braut wird ausdrücklich das Wort in den Mund
gelegt ‚so gebt ihn mir‘. Es ist somit ganz evident: das
Geben zielt auf die Herstellung eines Verhältnisses, das auf
beiden Seiten, für beide Teile einen ganz gleichartigen
Charakter hatte. Dabei muß man aber bedenken, daß in
der betreffenden Zeit immerhin die eheherrliche Gewalt als
solche noch in nicht unerheblichem Maße zu Recht bestand.
Da durch das Zusammengeben dem Bräutigam an der Braut
nur genau dasselbe Recht eingeräumt wurde wie der
Braut an dem Bräutigam, so enthält dasselbe also durchaus
keinen Ausdruck für die Begründung dieses besonderen eheherrlichen Gewaltverhältnisses, für den altdeutschen Traditions-
gedanken. Eine Eheschließung also bloß durch dieses Zusammengeben, durch diese ‚Trauung‘ nach dem späteren
Sprachgebrauch erscheint also doch im alten Sinn auch
nur als ‚eine Heirat ohne Trauung‘.

3.

Die vollständige innere und äußere Unabhängigkeit des
Zusammengebens von der alten Trauung ergibt sich aber endlich insbesondere zwingend aus der Geschichte desselben.

---

[1] Herausgegeben von Haupt, Zeitschrift für deutsches Altertum, 4, 371 ff.

Es kann vor allem wohl gar nicht mehr zweifelhaft bleiben, daß, was ich seinerzeit als Vermutung ausgesprochen und auch schon Opet aus äußeren und inneren Gründen angenommen hat, das Zusammengeben überhaupt nicht aus der weltlichen Rechtsentwicklung stammt, sondern als Element der kirchlichen Eheschließungsliturgie aufgekommen ist, und zwar zunächst in Frankreich, von wo es in Deutschland übernommen wurde. Die ältesten Erwähnungen finden sich in französischen Quellen, Ritualen und Gedichten seit der zweiten Hälfte des 12. Jahrhunderts.[1] Auch in Deutschland finden wir die Handlung dann auch seit der Wende des 12. und 13. Jahrhunderts in den höfischen Epen, die ja auf französischer Grundlage beruhen, während die volkstümlichen Heldengedichte Nibelungenlied und Gudrun das Zusammengeben ebensowenig kennen wie den alten Formalakt der traditio, also in der geschichtlichen Entwicklung eine Art Vakuum erkennen lassen zwischen dem Verschwinden der letzteren und dem Aufkommen des ersteren. Man vergleiche dagegen die ungefähr gleichzeitigen Dichtungen Hartmanns von Aue: Erek (siehe oben S. 44),

Armer Heinrich:[2]

> *dâ wâren pfaffen genuoge:*
> *die gaben si ime ze wîbe.* (1460, 61.)

Iwein:[3]

> *dâ wâren pfaffen gennoge;*
> *die taten in die ê ze hant*
> *si gaben im vrouwen unde lant.* (2418—20.)

Hieher ist wohl auch zu stellen der Anfang des oben erwähnten zweiten Berichtes über die Eheschließung Ottos IV. mit Beatrix: *puella iam nobilis a duce Leopoldo Orientali et Ludowico duce Bawarie adducta tribunali sistitur ac de consensu interrogata, verecundata admodum ruboreque per-*

---

[1] Siehe Opet, S. 22, 67.
[2] Deutsche Klassiker des Mittelalters, 5. Bd., herausgegeben v. Fedor Bech.
[3] Das, 6. Bd., S. 85.

fusa se libenti animo consentire profitetur. Mox a duce Leo-
poldo cognato suo per manus cardinalium lege Francorum
regi Ottoni desponsatur. Das ,*per manus cardinalium*' ist
jedenfalls auf das Zusammengeben zu beziehen. Was den
schwer verständlichen[1] Ausdruck ,*lege Francorum*' betrifft, so könnte man immerhin vielleicht daran denken, daß
dieses damit als ein aus Frankreich stammender und zunächst in Franken aufgenommener Brauch charakterisiert
werden sollte.

Überall sehen wir also das Geben, bzw. Zusammengeben
als kirchlichen Akt, vorgenommen von geistlichen Funk-
tionären. Für die kirchliche Herkunft sprechen dann
aber auch sachliche Erwägungen. Opet hat bereits solche in
überzeugender Weise ins Feld geführt.[2] In der Tat läßt sich
das Aufkommen des fraglichen Brauches viel leichter im
geistlichen als im weltlichen Rechtsanteil bei der Eheschließung
begreifen und erklären. Hier, im Ring, treten die Brautleute
mehr selbständig auf, nehmen einander durch ihre eigene
Willenserklärung zu Gatten. Dagegen erscheint im kirchlichen
Akt, schon bei der alten Einsegnung, der Priester ihnen gegenüber kraft seines geistlichen Amtes in übergeordneter autori-
tativer Stellung. Wenn nun zugleich von kirchlicher Seite mit
steigendem Nachdruck der Charakter der Ehe als Sakrament
betont wurde,[3] dessen Verwaltung der Kirche zustand, so mußte
die Idee, bzw. der Anspruch ganz logisch erscheinen, daß der
Priester bei der Eheschließung auch in einer wesentlichen
Funktion aktiv mitwirkte. Und diesem Zweck entsprach
gewiß durchaus eine Handlung wie das ,*conjungere*', Zusammengeben, das sozusagen als deklarative Begründung des Ehe-
verhältnisses gegenüber dem konstitutiven Akt des weltlichen
Ehevertrages gelten konnte. Eine solche Gestaltung der prie-
sterlichen Mitwirkung bei der Eheschließung erscheint sicher
sehr viel näherliegend als die Vermutung einer entsprechenden
Entwicklung bei der an sich sehr nebensächlichen Funktion
des Abfragers im weltlichen Geschäft im Ring, der auch ur-

---

[1] Opet, a. a. O., 20, Anm. 1.
[2] A. a. O., S. 72 ff.
[3] Vgl. Das., S. 72, 73.

sprünglich nirgends als eine besonders betonte, autoritative
Persönlichkeit erscheint.[1]

Aber wenn auch von der Kirche in ihrem Eheschließungs-
ritual eingeführt, wurde das Zusammengeben in Deutschland
doch offenbar tatsächlich sehr bald bei dem weltlichen Akt
im Ring aufgenommen und nachgeahmt, und solange
dieser noch weiter vor und neben der kirchlichen Eheschließung
sich erhielt, zeigt sich auch eine Konkurrenz, ein Schwanken
in der Vornahme jener Handlung.

Die Kirche hat bekanntlich schon in der ersten Hälfte
des 13. Jahrhunderts wiederholt Veranlassung genommen, das
‚conjungere‘, ‚copulare‘ durch Laien zu verbieten.[2] Aber sie
ist bis ins 14. Jahrhundert hinein mit diesem Verbot nicht
völlig durchgedrungen. Es fehlt bis in diese Zeit nicht an
Zeugnissen, daß das Zusammengeben vom weltlichen
Abfrager des Jawortes im Ring vorgenommen wurde,
worauf dann erst am nächsten Tag in alter Weise der Kirchgang zur Einsegnung und Brautmesse erfolgte. Bezeichnender-
weise erscheint jetzt in den Gedichten aber als Leiter des Aktes
fast immer auch eine hochstehende Person, Kaiser oder König.[3]
So z. B. im Lohengrin:

da mite giengens in den rinc, sie beide mit einander.
der ê man beidenthalb verjach.
der keiser dô mit worten sie zesamene sprach.
daz ez wol hôrt der ein und ouch der ander.

(2307—2310.)

Die Hochzeit im engeren Sinn findet in einem späteren
Zeitpunkt und an einem anderen Ort statt, d. h. insbesondere das
feierliche Beilager und am folgenden Morgen der Kirchgang:

sie kêrten danne mit der vart ze einer messe
diu sult ain pischof singen. (2307.)[4]

---

[1] Vgl. Opet, S. 146.
[2] Vgl. die Zusammenstellung bei Opet, S. 45.
[3] Vgl. Weinhold, Deutsche Frauen[3], 1, 373.
[4] Bibliothek der deutschen Nationalliteratur, 36. Bd., herausgegeben von
Rückert, S. 62 ff.

Mitunter erfolgte die Sanierung ausdrücklich und formell
dadurch, daß bei dem Kirchgang die Konsenserklärung
vor dem Priester wiederholt wurde. So bei der Heirat
Friedrichs II., 1235;[1] ferner ebenfalls im Lohengrin bei der
Erzählung der Heirat des Lothringers mit Kaiser Heinrichs
Tochter. Am Morgen nach der Hochzeitsnacht wird zuerst
die Morgengabe gegeben, dann folgt der Kirchgang:

> *alsô quâmens vür daz tuom. der ê nû anderweide*
> *verjahens vor des münsters tür*
> *dem biscof von Menze, der sie nû hin vür*
> *brâht in den kôr* — (6837 ff.),

worauf die Messe folgt.[2]

Ein eigentümliches Mittel, das von Seite der Kirche zur
Behauptung ihres Anspruches in diesem Kampfe gelegentlich
ergriffen wurde, bestand darin, daß nicht die Brautleute zur
Kopulation in die Kirche kamen, sondern umgekehrt der
Geistliche sich zur weltlichen Feier begab und dort
im gestellten Ring selbst die Abfragung des Jawortes
und das Zusammengeben des Paares vornahm (siehe unten
S. 57, 58).

Oder die Verbindung von weltlichem und kirchlichem
Akt erfolgte in der Weise, daß bei dem letzteren der Ring
gestellt wurde und darin die Konsenserklärung und das Zusammengeben stattfand. So in Mai und Beaflor:

> *dô si ze kirchen quâmen —*
> *dô wart ein rinc gemachet wît.*
> *den vürsten dûhte des nu zît,*
> *daz im daz wolgezaeme,*
> *daz er die vrouwen naeme.*
> *der bischof si zesamen gâp.*[3] (86, 37).

Umgekehrt finden wir in dem Gedicht von ‚Metzens
und Betzens Hochzeit‘ die Lösung durch eine scharfe

---

[1] Siehe J. Ficker, Die Vermählung Konradins. in Mitteil. d. Instituts
f. öst. Geschf. 4, 8 ff.

[2] Eckhardt, a. a. O., S. 191 hat bei seiner Verwertung der Stelle das
‚anderweide‘ übersehen.

[3] Dichtungen des deutschen Mittelalters, VII. Bd.

Trennung der beiden Elemente. Zunächst findet statt die
eigentliche Eheschließung durch Konsensabfragung, bei welcher
der rein weltliche Charakter ausdrücklich betont wird:

> *also nach ir beider gir*
> *wart in diu ê beschafen*
> *an schuoler und an pfafen.*

Darauf folgt die kirchliche Ehebestätigung durch Zusammengeben bei der Brautmesse am folgenden Morgen:

> *die muosten vor ze kilchen gân.*
> *dô man gesanc unt allz ergie,*
> *man gaps zesamen als nu ie*
> *da her diu liute hant getân.*[1]

Es wird hier also mit bemerkenswerter Deutlichkeit und
Klarheit ausgesprochen, daß im Stadium des Zusammengebens
das Rechtsverhältnis der Ehe zwischen den Brautleuten bereits besteht, daß dieselben schon als Eheleute zusammen-
gegeben werden.

Im gleichen Sinne sind wohl zu deuten die Verse in
Gottfrieds Tristan, betreffend die Heirat zwischen Riwalin
und Blancheflur (Rual spricht:)

> *so gebietet eine hôhgezît*
> *wol herlîch unde rîche:*
> *dâ nemet si offenliche*
> *vor mâgen und vor mannen z'ê.*
> *und râte zwâre, daz ir ê*
> *ze kirchen ir geruochet jehen,*
> *da ez pfaffen unde leien sehen,*
> *der ê nach kristenlîchem site:*
> *dâ saeleget ir iuch selben mite.* (1624—1632).

Den Abschluß der Entwicklung bildet aber bekanntlich das Gegenteil, die prinzipielle, ausnahmslose Einfügung
auch der Abfragung des Ehekonsenses, welch letzterer ja das
eigentlich sakramentale Element darstellt (‚pro reverentia
sacramenti‘, vgl. unten S. 58 Anm.), in den kirchlichen Akt in un-
mittelbarer Verbindung mit dem Zusammengeben und der

---

[1] Bei Friedberg, Das Recht der Eheschließung, S. 85, 86.

Benediktion, wobei zur Herstellung der Öffentlichkeit an Stelle
des Ringes Solennitätszeugen in bestimmter Zahl getreten sind.[1]

4.

Fragen wir nun zum Schlusse noch nach dem Verhältnis
des Ringwechsels zum Zusammengeben! Da können
wir zunächst konstatieren, daß eine äußerliche Verbindung
beider erfolgte als aneinander anschließender Akte, sobald auch
die Beringung, der Ringwechsel, mit der vorausgehenden
Konsenserklärung ein wesentlicher Bestandteil der kirchlichen
Feier wurde.[2]

Über das innere Verhältnis von Ringwechsel und
Zusammengeben ist aber folgendes zu sagen: So unmöglich die
Annahme einer Parallele zwischen dem Ringwechsel und einer
vermeintlichen gegenseitigen Trauung erscheint, so offensichtlich
erweisen sich Ringwechsel und Zusammengeben als völlig par-

---

[1] Vgl. Opet, a. a. O., S. 149, 150.

[2] In Frankreich zeigen allerdings schon die ältesten Rituale die Beringung als einen in den Ordo benedictionis eingefügten Akt, und
zwar finden wir da auch bereits eine Ringweihe durch den Priester
und überdies genaue Vorschriften über die Ansteckung des Ringes.
Siehe Martene, a. a. O , S. 616 ff.

Auch blieb der Ehering hier sehr viel länger, noch im 14. Jahrhundert, einseitig. Dabei ist aber der Umstand beachtenswert und von
durchschlagender Beweiskraft gegen jeden Gedanken an die Ableitung
desselben aus einer arrha, daß gerade in den älteren Ritualen —
aus dem 11. und 12. Jahrhundert — ganz regelmäßig neben dem Ring
und streng von ihm unterschieden eben auch eine Geldgabe (in
Gold oder Silber) des Mannes an die Frau vorkommt. Jener wird
ausdrücklich als ‚signaculum fidei‘ oder ‚castitatis‘, die Wirkung der Beringung als ‚sponsare‘ bezeichnet, das Geld aber
direkt als ‚arrha‘ und die Wirkung der Übergabe als ‚honorare‘ (Erinnerung an den Kaufpreis): ‚De isto anulo te sponso, de isto auro te
honoro et de ista dote te doto.‘ (Ritual von St. Victor, Martene, S. 621;
siehe auch Rennes, S. 616, Lyra, S. 617, 618, Arles, S. 624 und
unten S. 60, 61.)

Der Beringung geht stets voraus die Abfragung des Ehekonsenses
— durch den Priester. Jene Ausdrücke kennzeichnen also ganz ein-
deutig die erstere wieder als den Treuakt in seiner Bedeutung als
das eigentliche Perfektionselement der Eheschließung.

allele, sinngemäß zusammengehörige Handlungen. Beide sind
Elemente des eigentlichen Eheschließungsgeschäftes und beide
bringen in bezug auf diese denselben Gedanken zu wiederholtem
Ausdruck. Sie bilden die symbolische Darstellung, bzw. zugleich
formelhafte Feststellung der ethischen Hauptwirkung des ehelichen Verhältnisses: der festen Lebensverbundenheit und Gebundenheit der Gatten, der Zusammengehörigkeit in Treue
fürs ganze Leben. Dieser Gedanke findet z. B. insbesondere mit Bezug auf das Zusammengeben lebhaften Ausdruck
in dem Gedichte Wigalois[1] bei den beiden darin erzählten
Eheschließungen. Erstlich bei der Vermählung Gaweins unter
Leitung des Königs, des Oheims der Braut:

> *unde sprach ,nu nemet ze wibe*
> *dise maget iuwerm libe*
> *ze triuwen und ze rehter ê. — —*
> *des wart der riter harte frô.*
> *ze sînen triuwen nam er si dô.*
> *sam tet in diu schoene maget.*

(Sp. 29. 17; 30, 22 ff.)

Sodann bei der Heirat des Wigalois mit der Königin
Larie.

> *Riâl, der künec von Jeraphin*
> *gap die lieben frouwen sin*
> *im ze staete nach ir bete:*
> *mit rechter ê wart an der stete*
> *diu staete gerestent under in dâ.[2]*   (240, 36 ff.)

---

[1] Dichtungen des deutschen Mittelalters, VII. Bd., herausgegeben von
F. Pfeiffer.

[2] Die folgende Beschreibung ist von anderweitigem Interesse;

> *ein ringerlin daz leit er sâ*
> *der juncfrouwen an ir hant.*
> *dâ wider gap si im daz lant.*

Es liegt bei dieser Ehe ein Ausnahmsfall vor. Die Braut, Königin
Larie, bringt ihm mit Zustimmung ihrer Mannen die Herrschaft in
ihrem Lande zu, sie macht ihn zum König, während sonst regelmäßig die Frau durch die Ehe Königin im Land des Mannes wird.
Die Folgen sind sehr charakteristisch:

Wie eine Erläuterung und Bestätigung für die Verläß-
lichkeit der Dichtung fügt sich hiezu die bekannte, sogenannte
Kölner Trauformel aus dem 14. Jahrhundert: Zuerst Abfragung
des beiderseitigen Eheschließungswillens in der bekannten
Form; hierauf Beringung — einseitig der Braut durch den
Bräutigam; anschließend Zusammengeben:

> *der gene, der sy zo hoeff gaifft* (an späterer Stelle
> = *der si zosamengifft) — soll sagen: ,ich bevelen uch zô
> hôuf. — dat ûrre geyn den andern layssen ensall umbe
> Leyff noch umbe Leyt noch umbe geyn Dynck, dat Gott an
> ime geschaffen hait odir geschaffen mach layssen werden.'* [1]

> *frowe Larie satzte im dô*
> *ûf sin houbet schône*
> *die guldinen krône.*
> *und beralch in sîne hant*
> *ir lîp, ir liute unde ir lant*
> *mit einem scepter guldîn.*
> *dô kust er die künegin*
> *und nam si in sinen gewalt.* (241, 1 ff.)

Sie stellt den Gatten ihren Untertanen als neuen Herrn vor, genau
so wie im Nibelungenlied Brunhild Gunther auf dem Isenstein und —
sie setzt ihm die Krone auf! Der Mann wird von der Frau ge-
krönt! Damit ist die Bedeutung der Krönung bei fürstlichen Hoch-
zeiten wohl abschließend erwiesen, endgültig außer Frage gestellt.
Und zwar erfolgt diese Krönung hier schon bei der weltlichen Feier
und vor dem Beilager, nicht erst bei der kirchlichen, die
am anderen Morgen folgt, wo der Mann bereits die Krone trägt:

> *dar nâch si beidiu giengen*
> *wol nâch mittem morgen —*
> *dô man in eine messe sanc. —*
> *dô si gekroenet giengen für. —*
> *si wolden ouch zer messe sîn*
> *da der helt gekroenet gie.* (242, 20 ff., 35.)

Zum Kapitel ,Krönung' vgl. auch noch Flore und Blanscheflur:

> *vor sinen fürsten er si nam*
> *und hiez si dô kroenen.* (v. 7448, 7451.)

---

[1] Walraff, Beiträge zur Geschichte der Stadt Köln I, 159 auch bei
Sohm, Eheschließung, S. 320.

VI.

Ich bin mir nun wohl bewußt, daß für manche der in
den vorstehenden Ausführungen aufgestellten Behauptungen
und Annahmen die quellenmäßige Begründung eine mangelhafte
und unvollständige ist. Zweck dieser Untersuchungen ist auch
nur, Richtlinien zu weisen und Bausteine an die Hand zu geben
für eine auf breitester Grundlage aufzuführende neue Geschichte
des mittelalterlichen Eheschließungsrechtes, die mir unbedingt
notwendig erscheint. Auch die Belege aus der poetischen
Literatur sind keineswegs erschöpfend herangezogen worden.
Ich habe mich dabei auf eine Auswahl solcher beschränkt, die
ganz unzweideutig sprechen und nicht erst selbst noch einer
kritischen Besprechung bedürfen. Ich will nun aber schließlich
noch zur Ergänzung, gewissermaßen als Generalbeweis und
Folie für manches Gesagte, eine Heiratsgeschichte vorführen,
die ein ganz vollständiges und ausgeführtes Bild der Vorgänge in
allen einzelnen Stadien bietet, und zwar aus einem Gedichte,
das gerade ungefähr 100 Jahre jünger ist als das Nibelungenlied: Heinrich von Freibergs Tristan.[1] Es ist von höchstem
Interesse zu sehen, und für viele Punkte nach beiden Richtungen
von schlagender Beweiskraft, daß in den Grundzügen die
Gestalt und der Verlauf der rechtlichen Vorgänge hier sich
noch vollkommen decken, in ihrer wesentlichen Bedeutung
genau übereinstimmen mit den Schilderungen in den alten
Heldengedichten und daß nur eine Neuerung, ein Punkt mit
stärkster Betonung eingeschoben ist, das Zusammengeben der
Brautleute:

Tristan, in Liebe zur weißhandigen Isolde entbrannt,
vertraut sich ihrem Bruder an und erbittet seinen Beistand
(v. 326—364). Dieser verspricht, sein Anliegen dem Vater
und der Mutter vorzutragen und macht ihm auch beste Hoff-
nung bezüglich Isoldens. Er bringt nun eine förmliche Werbung für Tristan bei den Eltern an. Diese beschließen nach
kurzer Beratung (denn:

---

[1] Deutsche Dichtungen des Mittelalters, V. Bd., herausgegeben von
Reinhold Bechstein.

swes man sich vor betrachtet hât
und von herzen hât begert,
des râtes rede nicht lange wert. [431—433])
sie wolden Tristande
geben die wizgehande. (439, 440)

Nun wird auch Isolde zugezogen und um ihre Einwilligung befragt:

sie sprâchen Îsôten zuo (444)

und die Mutter

vrâgete sie der mêre,
ob ez ir wille wêre
daz sie herren Tristan
wolde nemen ze einem man. (453—456.)

Die Antwort lautet:

,swaz iuwer wille guoter
ist unde Kâedines,
des lieben bruoder mines,
daz ist ouch wol der wille min,
solt ich sin halt betrüebet sin.' (460—464.)

Man beachte die auffallende Übereinstimmung mit der
Antwort Kriemhilds im Nibelungenlied. (Str. 613.)

Das ,Zureden' und ,die Betrübnis' sind aber nicht so
ernst gemeint,[1] denn:

sie was von herzen vrô
des lieben tages, der lieben zit, —
wan sie meine und minne
het an in einen gewant. (466—471.)

Nun wird Tristan geholt und nimmt vor der ganzen versammelten Familie die Werbung persönlich auf, hält selbst
um die Hand Isoldens an. Ihm erwidert der Vater, König
Jovelin:

,nu sult ir hunderttûsend stunt
gote unde mir wilkume sin,
sun unde lieber eidem min.

---

[1] Vgl. meine ,Eheschließung', S. 53, 54 und oben S. 47.

iu sol wesen undertân
lant unde liute und swaz ich hân' (496—500)
— nu swuor ouch her Tristan,
daz er wolde Îsôten hân
und nemen sînem libe
zu einem êlîchen wîbe. (505—508.)

Wieder springt die Analogie mit der Verlobungsszene bei
der Heirat Giselhers mit Rüdigers Tochter im Nibelungenlied
in die Augen.

Darauf nun wird über vier Wochen des *vürsten hôchgezît*
feierlich im Lande angesagt:

von dem edelen Tristande,
daz er die maget die wîzgehande
nâ zu vrouwen solde hân. (525—527.)

Die ganze Ritterschaft wird dazu geladen und findet sich
mit großem Gepränge ein. Am festgesetzten Tage findet nun
zunächst die Vermählungsfeier statt. Diese wird eingeleitet
durch ein Abendmahl mit folgendem Tanz, an dem sich das
Brautpaar beteiligt:

der hochgemuote Tristant
nam Isôten an die hant
und vuorte zu dem tanze sie. (628—630.)[1]

Es war eine Art Polterabend, der aber eine über-
raschende Wendung nahm:

Dô sie nu vrôlîch tanzten,
in vröuden umbe swanzten,
inredes ein bischof quam
in den tanz, als ich vornam.
sîn ornât mit zierheit
het er schône an sich geleit.[2] (633—638.)

---

[1] Vgl. Weinhold, Deutsche Frauen, im Mittelalter[3] 1, 384.

[2] Das ist nicht etwa bloß als eine poetische Extravaganz anzusehen;
dies ergibt sich, wenn noch im Jahre 1420 eine Salzburger Synode
zu einer diesbezüglichen Ermahnung, also indirekten Rüge sich veran-
laßt sah. Es mag hier der volle Text der betreffenden Bestimmung angeführt werden, weil dieselbe auch in anderer Richtung zu besprechen ist:

Und nun findet mitten in der fröhlichen Gesellschaft die rechtsförmliche kirchlich-weltliche Eheschließung statt im rasch gestellten Ring:[1]

> *der herzoge Jorelin*
> *und sin sun Kaedin*
> *die nâmen die maget Îsôten, —*
> *unde vuortens in den rinc.*
> *der hôchgemuote jungelinc,*
> *von Parmenîe Tristan,*
> *der muoste gein der megde stân.* (639—646.)

c. 13 *Quod matrimonia in Ecclesia et mediante Presbytero contrahi debent et quod non post sed ante carnalem copulam sunt benedicenda.*

In contrahendis quoque matrimoniis hanc volumus honestatem pro reverentia Sacramenti observari, ut videlicet nonnisi per Presbyteros et, si commode fieri potest, in Ecclesia, aliquando in alio loco honesto sine strepitu cum honestate debita fiant matrimoniorum copulationes.

Matrimonia quoque, quae benedicenda fuerint, non post ut moris exstitit, sed ante ipsorum carnalem consummationem ac solemnitatis nuptiarum celebrationem pro benedictionis ipsius reverentia benedicantur (Hartzheim, Concilia Germaniae 5. 190).

Diese ganze Bestimmung wurde von Friedberg, Recht der Eheschließung. S. 90, und nach ihm von Eckhardt, a. a. O. 192, auf einen oberflächlichen Eindruck hin völlig mißverstanden, wenn sie zusammenfassend von ,der kirchlichen Feierlichkeit' sprechen, welche üblicherweise dem Beilager erst nachfolgte. Es wird doch sowohl in der Überschrift als im Text genau unterschieden zwischen der contractio matrimonii und der benedictio. Die erstere, unter welcher der Gesamtakt der Eheschließung, also Konsensabfragung und Zusammengeben (copulatio) zu verstehen ist und welche eben ,pro reverentia Sacramenti' wenn möglich durch den Priester in der Kirche, sonst wenigstens an einem ehrbaren Ort und in ehrbarer Weise erfolgen soll — also nur wenn möglich als kirchliche Feierlichkeit! — geht darnach unter allen Umständen dem Beilager voraus. Erst bezüglich der folgenden benedictio — mit Brautmesse — wird der allgemeine Brauch bekämpft, daß die Brautleute erst nach der Hochzeit zur Kirche kommen und ,pro reverentia benedictionis' auch für diese die vorherige Erteilung gefordert. Dadurch kam dann eben die unmittelbare Verbindung derselben mit dem Eheschließungsakt zustande. Diese Auslegung der Vorschrift wird auch durch unsere Erzählung sprechend illustriert, die im folgenden eben noch den alten Brauch bezüglich des Beilagers und der Einsegnung mit Brautmesse zeigt.

[1] Vgl. Mai und Beaflor, oben S. 50.

Man vgl. dazu Nib. Str. 614. 1683.

waz sol ich hie von sprechen mê!
der bischof im zu rechter ê
gâp Îsôten die maget
und gâp in ir, als diz buoch saget:
und wart diz zwischen in beiden
mit triuwen und mit eiden
bestêtet, als iz solde sîn:
er gâp ir sîn vingerlîn
und sie im daz ire wider.
hie mit gesâzen sie nider. (647—656.)

Es ist wohl selbstverständlich, daß das, was zunächst im Ring geschah und was der Dichter mit einer rhetorischen Frage übergeht, die Abfragung des Jawortes gewesen ist. Es wird eben zurückgestellt zugunsten der unmittelbar folgenden für den Bischof wichtigeren und charakteristischen Funktion der Kopulation.[1]

Hervorzuheben ist auch wieder die ausdrückliche Beziehung zwischen dem Zusammengeben und der Begründung der gegenseitigen Treupflicht. Und zwar erfolgt dieselbe hier noch ganz in alter Weise durch einen eigenen, eigentlichen Vertrag ‚mit Eiden' und gegenseitiger Beringung. Es erscheint ganz charakteristisch, daß der Ringwechsel hier nicht

---

[1] Derartige elliptische Schilderungen finden sich natürlich oft, und zwar noch weitergehend. So z. B. im Wigamur (v. d. Hagen und Büsching, Deutsche Gedichte des Mittelalters, 1. Bd.).

Ich (König Atroklos) wil dem künic wol geporen
von Lendrie Weygamur
die jungen magt Dulceflur
vesten nach landes syt; (4566—4569.)

d. h. natürlich mit Konsensabfragen und Zusammengeben. Das wird aber nicht weiter beschrieben, sondern nur noch angeführt:

Weygamur taet nach gewonhait
er gab der juncfrawen gemaidt
ein gemahelfingerlein.
‚Ir sült auch, herr, nemen daz mein',
sprach die maget süsse, (4583—4586.)
da küst er das megetlein. (4591.)

wie sonst und später grundsätzlich, vor dem Zusammengeben,
in nächster Beziehung auf die Konsenserklärung stattfindet,
sondern wie in alter Zeit erst mit dem nachfolgenden besonderen Treuvertrag verbunden ist, und so ganz deutlich
noch seinen ursprünglichen Charakter als spezielle Begleitform zu diesem aufweist.

Es folgt nun noch der feierliche Zug zum Beilager mit
der Modifikation, daß nur die junge Frau von der Mutter
und einem zahlreichen weiblichen Gefolge in die Kemenate
geführt wird, wohin sich der Mann bereits vorher begeben
hat, dem sie dann mit süßen Segensworten übergeben und
in den Arm gelegt wird. Am nächsten Morgen findet dann
der Gang zur Kirche statt, wo eine ‚messe gesungen‘ wird.
Hierauf das Hochzeitsmahl:

> *er Tristan saz zu tische hin,*
> *man sazte[1] Îsôten neben in.* (893, 894)
>
> (Vgl. Nib. Str. 617.)

und schließlich das übliche Turnier (buhurt).

VII.

Und nun noch in Anknüpfung an eine vorangeführte
Stelle des Gedichtes ein Schlußwort über die Geschichte
der alten Trauung, der traditio puellae. Ich habe ausführlich
zu zeigen versucht, was sie nicht geworden ist. Ich glaube
nun aber, wir vermögen hier auch noch zu erkennen und
festzustellen, was in Wirklichkeit unmittelbar daraus geworden
ist, wenigstens daraus werden konnte.

Vater und Bruder führen in dem Gedicht die Braut in
den Ring, dem Bischof zu, der sie dann mit dem Bräutigam
vermählt und zusammengibt. Man darf in dieser Zuführung
wohl die letzte Spur, den Nachklang der alten Trauung erkennen. Dies läßt sich wenigstens in den altfranzösischen
Ritualen, wie ich glaube, direkt beweisen.

Die ältesten repräsentieren noch das frühere Stadium.
Ritual von Rennes, 11. Jahrhundert. *Ordo ad sponsum et*

---

[1] Auch eine Parallele zu dem ‚man hiez‘ in den Heldengedichten, vgl.
meine ‚Heirat ohne Trauung‘, S. 338.

sponsam benedicendam. Der Priester, vor der Kirchentür, *inter-roget eos utrum legaliter copulari velint. — — Deinde faciat parentes sicuti mos est dare eam, atque sponsum dotalitium dividere. — Annulo quoque benedicto in nomine sanctae Trini-tatis eam in dextra manu sponsare faciat, atque honorare auro vel argento, pro ut poterit sponsus.*[1] Hierauf folgt Ein-zug in die Kirche und die Brautmesse mit Einsegnung.

Damit stimmt überein das Ritual von Lyra, 12. Jahr-hundert. *Benedictio super sponsum et sponsam. Ante omnia veniant ad januas ecclesiae sub testimonio plurimorum* (Ring?!), *qui thoro maritali conjungendi sunt: et requiratur consensus utriusque a sacerdote, et fiat recapitulatio de dote mulieris —, et tunc demum detur femina a patre vel amicis suis, quam vir recipiat in fide Dei et sua sanam et infirmam quamdiu vixerit servandam.*[2] — Hierauf folgt Weihe des Ringes und Einsegnung.

Daß in beiden Zeugnissen eine formlose Tradition im alten Sinne vorliegt, kommt, wie mir scheint, insbesondere in dem letzteren deutlich genug zum Ausdruck. womit wohl auch für das erstere diese Auslegung sichergestellt wird. Bemerkenswert ist dabei aber immerhin, daß die Brautüber-gabe erst nach der Konsensabnahme erfolgt. Es fehlt aber hier sichtlich noch das Zusammengeben. Alles, was da vorliegt, gehört zur Einsegnungsfeier. Mit dem Aufkommen des Zusam-mengebens tritt eine Abwandlung dieses Aktes der Brautüber-gabe ein, wie sie das jüngere Ritual von Arles zeigt, c. 1300. Hier findet der Akt in der Kirche statt. Während der Braut-messe *veniant illi qui conjungendi sunt: accedant ad sacerdotem juxta cancellos, et veniant pater et mater puellae aut aliquis de propinquis, apprehendentes manum puellae tradant eam sacerdoti, deinde conjugat eos sacerdos et statuat puellam ad sinistram viri, tunc velet eos sacerdos ita: virum super scapulas, puellam super caput et ponat jugalem super humeros eorum dicendo: in nomine Patris et Filii et Spiritus sancti.*[3]

---

[1] Martene, a. a. O., S. 616.
[2] Ebenda, S. 617.
[3] Ebenda, S. 624.

Hier wird also die Braut statt dem Bräutigam dem
Priester tradiert zur Vornahme der Kopulation. Es
ist genau derselbe Vorgang, den wir in unserem Gedichte
finden. Eben dieser Vorgang ist dann außer in Frankreich
ungefähr gleichzeitig auch in Italien und England bezeugt,[1] und
es darf dabei wohl die gleiche Entwicklung angenommen werden,
eine Umwandlung der alten Trauung unter Verdunkelung des
ursprünglichen Gedankens. Gerade für Deutschland aber
bleibt es trotz allem zweifelhaft, ob diese ganze Entwicklung wirklich als erwiesen angesehen werden darf.
Es wäre nämlich sehr wohl möglich, daß in unserem Gedicht
nur eine französische Vorlage (das ,buoch') durchscheint. Opet[2]
will auch den zweiten Bericht über die Heirat Ottos IV. mit
Beatrix (oben S. 47) dafür heranziehen, aber, wenn diese
Interpretation überhaupt zutreffend ist, so würde bei einer
Vermählung des ehemaligen Grafen von Poitou Nachahmung
französischen Brauches erst recht naheliegend erscheinen,
um so mehr als bei der zweiten Heirat 1224 ein ähnlicher
Vorgang nicht berichtet wird.[3] Andere Zeugnisse aus dem
deutschen Rechtsgebiet sind mir wenigstens nicht bekannt,
weder für eine formlose alte traditio noch für die Übergabe
zur Kopulation. Die alten Heldengedichte Nibelungenlied und
Gudrun sprechen, wie mir scheint, sogar direkt dagegen. Sie
zeigen bekanntlich keine Spur jenes Vorstadiums einer form-
losen Brautübergabe an den Bräutigam, eine Tatsache, die
gerade durch den Vergleich mit den angeführten französischen
Zeugnissen noch schärfer beleuchtet und bestätigt wird. Die
Brautleute werden da vollkommen gleich behandelt, an
beide gleichmäßig, auch an die Braut, ergeht einfach
das Geheiß, in den Ring zu treten, sich nebeneinander zu stellen.[4] Daß dann nachträglich einmal eine Brautübergabe an den Priester noch selbständig aufgekommen,
eingeführt worden sein sollte, erscheint gewiß als höchst un-
wahrscheinlich.

---

[1] Vgl. Opet, a. a. O., S. 94, 95.

[2] A. a. O., S. 96.

[3] Vgl. Opet, S. 21.

[4] Nibelungenlied, Nr. 614, 1683; Gudrun 1648.

Allerdings tritt in deutschen Landen der ‚Brautführer‘
als Hochzeitsfigur noch heute in weitester Verbreitung auf.
Aber es ist grundsätzlich niemals der Vater, auch nicht notwendig ein Verwandter der Braut. Daß aber diese im Hoch-
zeitszug von irgend jemand ‚geführt‘ wird, ist etwas so Natur-
gemäßes, Selbstverständliches, daß man wohl nicht berechtigt
ist, darin ohne weiteres ein rechtliches Überbleibsel zu erblicken;
zumal ja auch der Bräutigam seine ‚Führer‘ hat, die ihn im
Zug zur Kirche begleiten.[1]

Auf alle Fälle nun erweisen aber jene französischen
Zeugnisse, insbesondere das Ritual von Arles und in diesem
Lichte und bei seiner genauen Übereinstimmung auch unser
Gedicht, ganz zwingend und schlagend, daß, was nun zum
Schlusse noch einmal besonders betont werden mag, ein
prinzipieller geschichtlicher Gegensatz besteht zwischen
Trauung und Zusammengeben. Eine Identifizierung wird
dadurch direkt ausgeschlossen, sie stehen ja beide bei der-
selben Feier nebeneinander, folgen aufeinander, und es
erscheint somit auch direkt widersinnig und unzulässig, den
späteren Akt des Zusammengebens, ‚conjungere‘, auch als
‚Braut-Tradition‘ zu bezeichnen.

Dabei ist überdies noch eines festzustellen und des
näheren zu würdigen. Genau genommen kann man auch diese
Brautübergabe an den Priester nicht sowohl als eine eigentliche
wesensgleiche Fortbildung der alten vormundschaftlichen
traditio puellae an den Bräutigam charakterisieren, sondern
nur als eine Umwandlung, einen Ersatz derselben. Nur
die Form ist geblieben, nicht auch der Inhalt, ihre Rechts-
gedanken: Übergabe der Frau in die eheherrliche Gewalt
und den ehemännlichen Schutz. Es kommt nicht so, daß
nun der Priester das übernahm und dem Bräutigam gegenüber
vornahm, was früher der Muntwalt getan. Das Zusammengeben durch den Priester enthielt nicht den mindesten Ausdruck weder für die Unterwerfung der Braut unter die Gewalt
noch für ihre Unterstellung unter den Schutz des Mannes.
Er spricht nichts anderes als das: conjungo vos, er gibt im

---

[1] Vgl. Schönwerth, a. a. O., 1, 78.

gleichen Sinne das eine dem anderen mit einer entsprechenden Symbolik, Vereinigung der Hände.

Ihren wesentlichen Inhalt, ihre spezifische rechtliche Funktion hat die alte Trauung nicht an den Kopulations-akt abgegeben, sondern an den Konsensakt. Wie die Übernahme der Treupflicht so wurde auch die Anerkennung der Traditionswirkung mit der Abgabe des Jawortes zur Ehe verbunden. Alles das wird in die Formel aufgenommen und die Frage und Antwort, das vis-volo auf diesen ganzen Inhalt ausgedehnt. Man vergleiche z. B. das Rituale von Rouen und dazu jenes von Lyra (oben S. 31 und 61); sowie das Manual von Salisbury, (oben S. 31) in welch letzterem auch die Idee des Gewaltverhältnisses wenigstens in der Frage an die Frau bestimmt zum Ausdruck kommt neben dem Schutzverhältnis, das hier wie auch anderwärts von der speziellen Aufgabe des Mannes, der Frau ‚ein gnädiger Vogt zu sein‘ (oben S. 20), auf die gegenseitige allgemeine Pflicht zur liebevollen Sorge für das Wohl des anderen ausgedeutet wird: *Vis habere hunc virum in sponsum et ei obedire et servire, et eum dili-gere, honorare, ac custodire sanum et infirmum sicut sponsa debet sponsum — —*. In diesem Ritual folgt auch noch auf den Konsensakt die alte traditio puellae, wobei beide Brautleute Erklärungen abgeben, die inhaltlich wesentlich mit den Formeln des ersteren übereinstimmen.[1]

Aus Deutschland mag nur als ein Beispiel die heute noch geltende Formel der Konsensabfragung des Salzburger Diözesanrituals angeführt werden, deren Bestandteile ihre geschichtliche Herkunft und Bedeutung ganz unzweifelhaft und unzweideutig erkennen lassen. Nach der Frage um den eigentlichen Ehekonsens, den Willen, einander zur Frau, zum Mann zu nehmen, folgt eine zweite: an den Mann, ob er der Frau ‚getreulich vorstehen wolle als Haupt und sie lieben wie sich selbst?‘ und an die Frau, ob sie dem Mann ‚in allen billigen Dingen und gottgefälligen Werken gehorsam sein wolle und ihn lieben wie sich selbst?‘; endlich eine dritte an beide gleichlautend, ob sie einander ‚in allen

---

[1] S. Friedberg, Eheschließung, S. 30.

Nöten des Lebens nicht verlassen, sondern 'beständig beieinander bleiben wollen, bis der Tod sie scheidet'?

Diese Tatsache nun, daß die Begründung und Feststellung der Wirkungen der alten Brautübergabe an den Bräutigam nach dem Wegfall derselben nicht mit dem neuen Akt des Zusammengebens verbunden, bzw. daß sie von der eventuellen Tradition an den Priester zur Vornahme der Kopulation losgelöst wurde, bezeugt wohl aufs neue, wie wesensfremd das Zusammengeben von Haus aus der alten Trauung gewesen ist.

Moriz Wlassak

Zum römischen Provinzialprozeß
SEVERUS 2010 / 100 S. / 29,50 Euro
ISBN 978-3-942382-53-3

Moriz Wlassak

Zum
römischen
Provinzialprozeß

SEVERUS

Mit „Zum römischen Provinzialprozeß" betritt Moriz Wlassak (1854 – 1939), österreichischer Jurist und Rechtshistoriker, seinerzeit Neuland.

Die Eigenheiten der in Rom abgehaltenen Gerichtsverfahren sind vielfach erforscht und dargebracht. In diesem Zusammenhang hat sich herauskristallisiert, daß die Prozesse, die in der Provinz stattfanden, sich von denen in Rom unterschieden. Moriz Wlassak wagt nun als einer der Ersten den Schritt, sich der Erforschung der Eigenheiten der Provinzialprozesse zu widmen. Hauptaugenmerk liegt hierbei auf den kennzeichnenden Eigenschaften des Formalverfahrens und des Kostumaprozesses.

Wlassak positioniert sich hierbei klar im Dienste der Wissenschaft, deren Fortbestehen er ohne die Umsetzung und Erörterung von Denkanstößen ihrer Daseinsberechtigung beraubt sieht. Auf diese Weise gelingt ihm mit vorliegender Abhandlung ein spannender Beitrag zur römischen Rechtsgeschichte.

Ebenfalls im SEVERUS Verlag erhältlich:

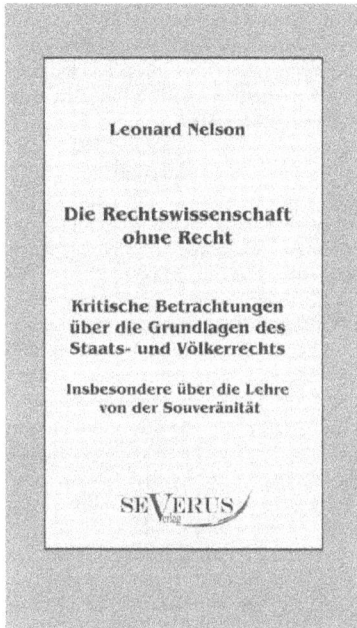

Leonard Nelson

Die Rechtswissenschaft ohne Recht:
Kritische Betrachtungen über die
Grundlagen des Staats- und Völkerrechts.
Insbesondere über die Lehre von der
Souveränität.

SEVERUS 2011 / 268 S./ 49,50 Euro
ISBN 978-3-86347-039-5

In dieser stilistisch herausragenden und höchst unterhaltsamen Arbeit schafft
es der Autor, fundamentale philosophische Überlegungen mit hintergründiger
Polemik zu kombinieren. Im Mittelpunkt seiner Kritik steht die Auffassung
und Rolle des Rechts. Durch die Souveränitätsbehauptungen der Staaten diene
jenes den politischen Eliten und Winkeladvokaten nur noch als Instrument zur
Erhaltung und zum Ausbau ihrer Macht, obwohl es ursprünglich die absolute
Größe darstellen sollte, nach der sich Staaten zu richten hätten. Nelson
argumentiert weiterhin, dass auch auf Grundlage dieses verkümmerten
Rechtsbewusstseins der zu jener Zeit tobende Erste Weltkrieg ausbrechen
konnte und das Recht selbst eine metaphysische Komponente sei, die sich
keiner Regierung unterwerfen dürfe.
Seine kritische Abhandlung über die unmögliche Vereinbarkeit von
Souveränität und Völkerrecht besitzt nach wie vor uneingeschränkt Gültigkeit.

Leonard Nelson (1882-1927) war einflussreicher Philosoph und Mathematiker.
Er gründete 1922 die Philosophisch-Politische Akademie und 1926 den
Internationalen Sozialistischen Kampfbund.

www.severus-verlag.de

SEVERUS verlag

Bisher im SEVERUS Verlag erschienen:

Achelis. Th. Die Entwicklung der Ehe * **Andreas-Salomé, Lou** Rainer Maria Rilke * **Arenz, Karl** Die Entdeckungsreisen in Nord- und Mittelafrika von Richardson, Overweg, Barth und Vogel * **Aretz, Gertrude (Hrsg)** Napoleon I - Briefe an Frauen * **Ashburn, P.M** The ranks of death. A Medical History of the Conquest of America * **Avenarius, Richard** Kritik der reinen Erfahrung * Kritik der reinen Erfahrung, Zweiter Teil * **Bernstorff, Graf Johann Heinrich** Erinnerungen und Briefe * **Binder, Julius** Grundlegung zur Rechtsphilosophie. Mit einem Extratext zur Rechtsphilosophie Hegels * **Bliedner, Arno** Schiller. Eine pädagogische Studie * **Blümner, Hugo** Fahrendes Volk im Altertum * **Brahm, Otto** Das deutsche Ritterdrama des achtzehnten Jahrhunderts: Studien über Joseph August von Törring, seine Vorgänger und Nachfolger * **Braun, Lily** Lebenssucher * **Braun, Ferdinand** Drahtlose Telegraphie durch Wasser und Luft * **Brunnemann, Karl** Maximilian Robespierre - Ein Lebensbild nach zum Teil noch unbenutzten Quellen * **Büdinger, Max** Don Carlos Haft und Tod insbesondere nach den Auffassungen seiner Familie * **Burkamp, Wilhelm** Wirklichkeit und Sinn. Die objektive Gewordenheit des Sinns in der sinnfreien Wirklichkeit * **Caemmerer, Rudolf Karl Fritz** Die Entwicklung der strategischen Wissenschaft im 19. Jahrhundert * **Cronau, Rudolf** Drei Jahrhunderte deutschen Lebens in Amerika. Eine Geschichte der Deutschen in den Vereinigten Staaten * **Cushing, Harvey** The life of Sir William Osler, Volume 1 * The life of Sir William Osler, Volume 2 * **Dahlke, Paul** Buddhismus als Religion und Moral, Reihe ReligioSus Band IV * **Eckstein, Friedrich** Alte, unnennbare Tage. Erinnerungen aus siebzig Lehr- und Wanderjahren * Erinnerungen an Anton Bruckner * **Eiselsberg, Anton Freiherr von** Lebensweg eines Chirurgen * **Eloesser, Arthur** Thomas Mann - sein Leben und Werk * **Elsenhans, Theodor** Fries und Kant. Ein Beitrag zur Geschichte und zur systematischen Grundlegung der Erkenntnistheorie. * **Engel, Eduard** Shakespeare * Lord Byron. Eine Autobiographie nach Tagebüchern und Briefen. * **Ferenczi, Sandor** Hysterie und Pathoneurosen * **Fichte, Immanuel Hermann** Die Idee der Persönlichkeit und der individuellen Fortdauer * **Fourier, Jean Baptiste Joseph Baron** Die Auflösung der bestimmten Gleichungen * **Frimmel, Theodor von** Beethoven Studien I. Beethovens äußere Erscheinung * Beethoven Studien II. Bausteine zu einer Lebensgeschichte des Meisters * **Fülleborn, Friedrich** Über eine medizinische Studienreise nach Panama, Westindien und den Vereinigten Staaten * **Goette, Alexander** Holbeins Totentanz und seine Vorbilder * **Goldstein, Eugen** Canalstrahlen * **Graebner, Fritz** Das Weltbild der Primitiven: Eine Untersuchung der Urformen weltanschaulichen Denkens bei Naturvölkern * **Griesser, Luitpold** Nietzsche und Wagner - neue Beiträge zur Geschichte und Psychologie ihrer Freundschaft * **Hartmann, Franz** Die Medizin des Theophrastus Paracelsus von Hohenheim * **Heller, August** Geschichte der Physik von Aristoteles bis auf die neueste Zeit. Bd. 1: Von Aristoteles bis Galilei * **Helmholtz, Hermann von** Reden und Vorträge, Bd. 1 * Reden und Vorträge, Bd. 2 * **Henker, Otto** Einführung in die Brillenlehre * **Kalkoff, Paul** Ulrich von Hutten und die Reformation. Eine kritische Geschichte seiner wichtigsten Lebenszeit und der Entscheidungsjahre der Reformation (1517 - 1523), Reihe ReligioSus Band I * **Kautsky, Karl** Terrorismus und Kommunismus: Ein Beitrag zur Naturgeschichte der Revolution * **Kerschensteiner, Georg** Theorie der Bildung * **Klein, Wilhelm** Geschichte der Griechischen Kunst - Erster Band: Die Griechische Kunst bis Myron * **Krömeke, Franz** Friedrich Wilhelm Sertürner - Entdecker des Morphiums * **Külz, Ludwig** Tropenarzt im afrikanischen Busch * **Leimbach, Karl Alexander** Untersuchungen über die verschiedenen Moralsysteme * **Liliencron, Rochus von / Müllenhoff, Karl** Zur Runenlehre. Zwei Abhandlungen * **Mach, Ernst** Die Principien der Wärmelehre * **Mausbach, Joseph** Die Ethik des heiligen Augustinus. Erster Band: Die sittliche Ordnung und ihre Grundlagen * **Mauthner, Fritz** Die drei Bilder der Welt - ein sprachkritischer Versuch * **Müller, Conrad** Alexander von Humboldt und das Preußische Königshaus. Briefe aus den Jahren 1835-1857 * **Oettingen, Arthur von** Die Schule der Physik * **Ostwald, Wilhelm** Erfinder und Entdecker * **Peters, Carl** Die deutsche Emin-Pascha-Expedition * **Poetter, Friedrich**

SE VERUS Verlag

Christoph Logik * **Popken, Minna** Im Kampf um die Welt des Lichts. Lebenserinnerungen und Bekenntnisse einer Ärztin * **Prutz, Hans** Neue Studien zur Geschichte der Jungfrau von Orléans * **Rank, Otto** Psychoanalytische Beiträge zur Mythenforschung. Gesammelte Studien aus den Jahren 1912 bis 1914. * **Rohr, Moritz von** Joseph Fraunhofers Leben, Leistungen und Wirksamkeit * **Rubinstein, Susanna** Ein individualistischer Pessimist: Beitrag zur Würdigung Philipp Mainländers * Eine Trias von Willensmetaphysikern: Populär-philosophische Essays * **Sachs, Eva** Die fünf platonischen Körper: Zur Geschichte der Mathematik und der Elementenlehre Platons und der Pythagoreer * **Scheidemann, Philipp** Memoiren eines Sozialdemokraten, Erster Band * Memoiren eines Sozialdemokraten, Zweiter Band * **Schlösser, Rudolf** Rameaus Neffe - Studien und Untersuchungen zur Einführung in Goethes Übersetzung des Diderotschen Dialogs * **Schweitzer, Christoph** Reise nach Java und Ceylon (1675-1682). Reisebeschreibungen von deutschen Beamten und Kriegsleuten im Dienst der niederländischen West- und Ostindischen Kompagnien 1602 - 1797. * **Stein, Heinrich von** Giordano Bruno. Gedanken über seine Lehre und sein Leben * **Strache, Hans** Der Eklektizismus des Antiochus von Askalon * **Thiersch, Hermann** Ludwig I von Bayern und die Georgia Augusta * **Tyndall, John** Die Wärme betrachtet als eine Art der Bewegung, Bd. 1 * Die Wärme betrachtet als eine Art der Bewegung, Bd. 2 * **Virchow, Rudolf** Vier Reden über Leben und Kranksein * **Wecklein, Nikolaus** Textkritische Studien zu den griechischen Tragikern * **Weinhold, Karl** Die heidnische Totenbestattung in Deutschland * **Wellmann, Max** Die pneumatische Schule bis auf Archigenes - in ihrer Entwickelung dargestellt * **Wernher, Adolf** Die Bestattung der Toten in Bezug auf Hygiene, geschichtliche Entwicklung und gesetzliche Bestimmungen * **Weygandt, Wilhelm** Abnorme Charaktere in der dramatischen Literatur. Shakespeare - Goethe - Ibsen - Gerhart Hauptmann * **Wlassak, Moriz** Zum römischen Provinzialprozeß * **Wulffen, Erich** Kriminalpädagogik: Ein Erziehungsbuch * **Wundt, Wilhelm** Reden und Aufsätze * **Zoozmann, Richard** Hans Sachs und die Reformation - In Gedichten und Prosastücken, Reihe ReligioSus Band III